Arbeitsbuch
LESEN 3

Herausgegeben von
Karl Josef Klauer

Erarbeitet von
Heribert Gathen,
Christoph Reiners,
Christel Rittmeyer,
Ulrike Strobel

Illustrationen von
Gabriele Heinisch

Cornelsen

Redaktion: Petra Bowien
Technische Umsetzung: Manuela Mantey-Frempong
Umschlagillustration: Egbert Herfurth

Cornelsen online   http://www.cornelsen.de

Dieses Werk berücksichtigt die Regeln
der reformierten Rechtschreibung und Zeichensetzung.

1. Auflage ✓ €   Druck 6 5 4 3   Jahr 04 03 02 01

Alle Drucke dieser Auflage können im Unterricht nebeneinander
verwendet werden.

© 1998 Cornelsen Verlag, Berlin
Das Werk und seine Teile sind urheberrechtlich geschützt.
Jede Verwertung in anderen als den gesetzlich zugelassenen Fällen
bedarf deshalb der vorherigen schriftlichen Einwilligung des Verlages.

Druck: CS-Druck Cornelsen Stürtz, Berlin

ISBN 3-464-60063-7

Bestellnummer 600637

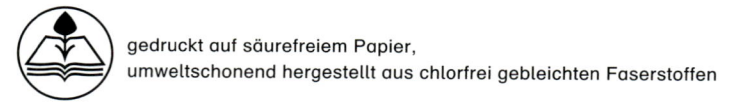

gedruckt auf säurefreiem Papier,
umweltschonend hergestellt aus chlorfrei gebleichten Faserstoffen

Inhaltsverzeichnis

Schützt die Natur
Zu fällen einen schönen Baum * 7
Eine Stadt im Wald 8
Nur eine Ameise 10
Biologie * 11
Das Wassertröpflein * 11
Humorlos * 11
Endstation im Papageien-Park 12
Wusstest du 13
Artenschutz 13

Wind
Bau eines Schlittendrachens 14
Der Müller 18
Windmühlen 18
Mühlen heute 19
Windkraftwerke 20
Rezepte: Milchbrötchen 21
Vollkornbrötchen 22

Spiel mit Wörtern
Ein Satz, der sich in den Schwanz beißt 23
Lies vorwärts oder rückwärts 23
Achterbahnträume 24
Welches Tier versteckt sich hier? 24
Du bist da und ich bin hier * 25
Kommen und gehen 25
Die Wühlmaus * 26
TROPS NIE TSI NETARLESTÄR 26

Kurz und knapp
Sprüche fürs Poesiealbum * 27
Angewandte Mathematik 28
Witze 29

3

Alles nur Reklame	Reklame *	30
	Werbung *	31
	Die Werbemutter	32
	Die Kinder mit dem Plus-Effekt *	33
	Er sieht toll aus	34
Am Bildschirm	Musst du schon wieder fernsehen, Carola?	35
	Das Fernsehmärchen	36
	Fernsehabend	37
	Wenn wir einmal groß sind	38
	Der Computer machts möglich	40
	Die Medienwelt von Morgen	42
	Alltag im Jahr 2020	43
Eltern und Kinder	Mutter sagt immer nein	44
	Was ein Kind gesagt bekommt *	46
	Ich denke nach	47
Ich hab's nicht leicht	Epilepsie: Eigentlich lebe ich wie alle anderen	48
	Epilepsie	49
	Görkem will so sein wie andere Kinder	50
	Frank findet es im Heim in Ordnung	52
Berufe	Verkaufen als Beruf	54
	Am frühen Morgen in einer Stadt	56

Ist das fair?	Leicht und schwer	59
	Streiten muss sein *	60
	Der kleine Herr Jakob:	
	Schneeballschlacht	61
	Immer als Letzte gewählt	62
	Das Großmaul	64
Manchmal fühle ich mich schlecht	Manchmal bin ich traurig	66
	Sabine	68
	Selbsthilfe	69
Mädchen und Jungen	Geburtstagsabend	70
	Briefwechsel	72
	Antonia, 12	73
	Typisch Mädchen?	74
	Typisch Junge?	75
	Noch nie verliebt?	76
Krank sein	Das Bauchweh	77
	Bericht über meine Therapie auf der Station H	78
	Was ich von dem allen hier halt	80
	Mein Geburtstag auf Station F	81
Als Oma jung war	Zu Fuß zur Schule	82
	Der Neuanfang von 1946 – aus großer Not	83
	Falsche Leberwurst	84
	Falscher Kochkäse	86
Vom Ende des Lebens	Alt werden	88
	Großvater liegt im Sterben	90
	Sie haben mir nichts gesagt	92
	Der Opa ist tot *	94

Gedichte erzählen Geschichten	Ich weiß nicht, was soll es bedeuten *	95
	Nis Randers *	96
	Die Heinzelmännchen *	98
	Herr von Ribbeck auf Ribbeck im Havelland *	100
	Verzweiflung *	102
Fabeln und Sagen	Der Fuchs und der Storch	104
	Der Fuchs und der Rabe	105
	Die beiden Ziegen	106
	Seltsamer Spazierritt	107
	Wie Till Eulenspiegel einem Esel das Lesen beibrachte	108
	Der Rattenfänger von Hameln	110
Leseabenteuer	Allein in der Wildnis	112
	Sommersprung	114
	Level 4 – Die Stadt der Kinder	116
	Jugendliche empfehlen Bücher	118
	Ein Bär wächst bis zum Dach	120
	Mister Santa	122
	Der kleine Herr Jakob: Ein wahrer Sportsmann	125
	Die Schatzinsel (Cartoon)	126

* Gedicht

Schützt die Natur

Zu fällen einen schönen Baum
braucht's eine halbe Stunde kaum.

Zu wachsen, bis man ihn bewundert,
braucht er, bedenk es, ein Jahrhundert.

Eugen Roth

Eine Stadt im Wald

1. Es gibt eine Stadt mitten im Wald. Die Stadt hat viele hundert
2. Straßen. Dort lebt ein Volk, das ist weit und breit berühmt
3. wegen seines Fleißes. Vom Morgen bis zum Abend sind alle
4. bei der Arbeit. Sie klettern auf die Bäume und holen Holz.
5. Sie schleppen Gras nach Hause. Sie füttern und pflegen ihre
6. Kinder und bauen neue Wohnungen. Dabei leben sie still und
7. friedlich zusammen. Jeder hilft jedem. Die Polizei hat wenig
8. zu tun.
9. Plötzlich, an einem schönen Nachmittag, geschah ein großes
10. Unglück. Plötzlich erschien im Wald ein Riese. Die Polizei gab
11. schnell Alarm. Alle rannten, um die Kinder und sich in Sicherheit
12. zu bringen. Doch ehe alle einen Unterschlupf gefunden hatten,
13. war der Riese schon da.

14 Er trat mit seinen großen Füßen mitten in die Stadt.
15 Gleich mehrere Straßen und Häuser stürzten zusammen.
16 Alle rannten aus Angst durcheinander. Da bückte sich der Riese
17 und, oh Schreck: Er nahm einen Stock und warf damit eine
18 Häuserreihe nach der anderen um. Er hatte große Freude
19 daran.
20 Aber das kleine Volk verlor den Mut nicht. Sie marschierten
21 tapfer in die Hosenbeine und in die Ärmel des Riesen hinein und
22 stachen mit ihren Waffen so tüchtig auf ihn los,
23 dass seine Hand wie Feuer brannte.

24 Willst du wissen, wer der Riese war?
25 Das war ein Kind, so groß wie du.
26 Aber was für eine Stadt ich meine, wer das kleine fleißige Volk
27 ist, das sollst du erraten.

nach Joachim Heinrich Campe

1. Kannst du das Rätsel lösen?
2. Welches Gedicht von S. 11 passt zu der Geschichte?
3. Lies die S. 10 durch, wenn du mehr über das Volk im Wald wissen willst.

Nur eine Ameise

Richtig Furcht erregend sieht sie aus, die Ameise.
Der Kopf des kleinen Tieres ist unter dem Elektronenmikroskop stark vergrößert. Ganz deutlich sind die beiden **Fühler** zu sehen, die in Kugelgelenken sitzen. Diese „Antennen" lassen sich in alle Richtungen drehen. Mit ihnen nimmt die Ameise Geruchssignale aus der Umwelt auf.
Die **Augen** haben dagegen keine so große Bedeutung.
Mit ihren kräftigen **Kauwerkzeugen** können die Ameisen ihre Beute auch transportieren.

Thomas Weber

1. Was kann die Ameise mit ihren Fühlern tun?
2. Wo sitzen die Augen?
3. Welcher Sinn ist für die Ameise besonders wichtig?

Biologie

Dieser Baum ist knorrig,
weil er alt ist.
Er ist verzweigt,
weil er viel erlebt hat.
Er ist nicht schön,
aber in seinen Zweigen
ist ein Nest.

Klaus Kordon

Das Wassertröpflein

Tröpflein muss zur Erde fallen,
muss das zarte Blümchen netzen,
muss mit Quellen weiterwallen*,
muss das Fischlein auch ergötzen,
muss im Bach die Mühle schlagen,
muss im Strom die Schiffe tragen.
Und wo wären denn die Meere,
wenn nicht erst das Tröpflein wäre.

Johann Wolfgang von Goethe

* hier: weiterfließen

Humorlos

Die Jungen
werfen
zum Spaß
mit Steinen
nach Fröschen

Die Frösche
sterben
im Ernst

Erich Fried

Endstation Papageien-Park

1 Schon von weitem hört man sie kreischen und klagen.
2 In Käfigen und Vogelhäusern sitzen die Papageien und starren
3 durch die Gitter.

4 Dabei haben sie noch Glück gehabt. Vorher haben sie viel
5 Schlimmeres erlebt. Entweder waren sie Schmuggelware –
6 eingezwängt in Koffern, Taschen oder Kisten – oder ungeliebte
7 Haustiere.
8 „Erst vor 14 Tagen hat uns der Zoll zwei Koffer gebracht.
9 Wie Sardinen in der Büchse hatten Schmuggler dort Papageien
10 in Plastiktüten gestopft", erzählt der Tierarzt. „Die Wenigsten
11 wissen, was sie tun, wenn sie sich einen Papagei anschaffen",
12 sagt er. „Stellen Sie sich vor, Sie sind 30 Jahre lang auf der
13 Toilette eingeschlossen und essen täglich gekochte Kartoffeln.
14 So ungefähr fühlt sich ein Papagei in Gefangenschaft."
15 Viele halten das nicht aus und sterben. Andere zeigen auffälli-
16 ges Verhalten, wiegen sich hin und her und nagen an den Stä-
17 ben.
18 Aber auch wenn die Papageien es bei ihren Besitzern sehr gut
19 haben, gibt es ein Problem: Viele ältere Menschen kaufen sich
20 aus Einsamkeit einen Papagei. Wenn sie später sterben, lebt
21 der Papagei immer noch. Er kann bis zu 70 Jahre alt werden.
22 Solche Tiere landen dann oft im Papageien-Park. Einen Rück-
23 transport in ihre Heimat würden sie nicht überleben.

1. Weshalb geht es den Papageien schlecht?
2. Erkundige dich, wo ein Papagei in Freiheit lebt.

1 **Wusstest du,** dass von hundert Papageien nur zehn sprechen?
2 **Wusstest du,** dass der Papagei von allen Vögeln am meisten
3 vom Aussterben bedroht ist?
4 **Wusstest du,** dass mehr Papageien in Gefangenschaft leben als
5 in der freien Natur?
6 **Wusstest du,** dass viele Papageien in Gefangenschaft verrückt
7 werden?
8 **Wusstest du,** dass ein Papagei acht Stunden Aufmerksamkeit
9 am Tag braucht?

Artenschutz

1 Aber nicht nur Papageien sind gefährdet. Jedes Jahr sterben
2 mehr als 26.000 Tier- und Pflanzenarten aus.
3 Meist werden nur
4 kleine Teile der Tier-
5 körper gebraucht,
6 wie die Hörner des
7 Nashorns oder die
8 Stoßzähne des Ele-
9 fanten. Der Rest wird
10 nutzlos zurückgelas-
11 sen.
12 Deshalb wurde 1973
13 das Washingtoner
14 Artenschutzüberein-
15 kommen geschlos-
16 sen. Es überwacht
17 den Handel mit
18 gefährdeten Arten
19 frei lebender Tiere
20 und Pflanzen.

Wind

Bau eines Schlittendrachens

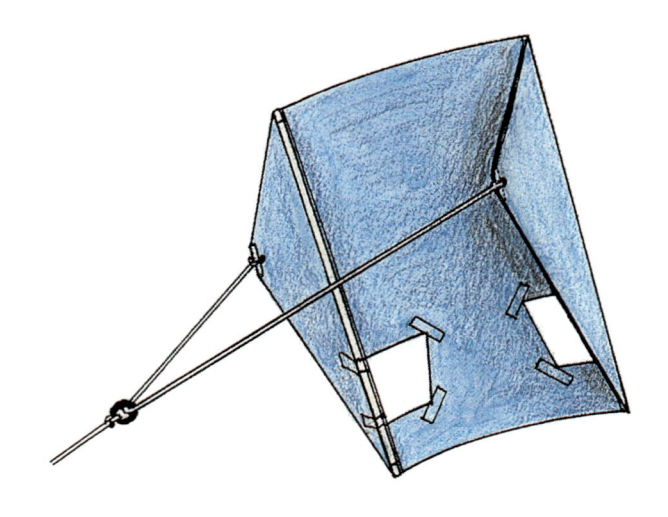

Du brauchst:

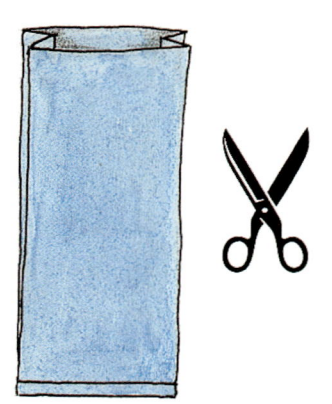

21,5
22,5
78
18,3
55,5
12,5

1. Stelle eine Schablone her!

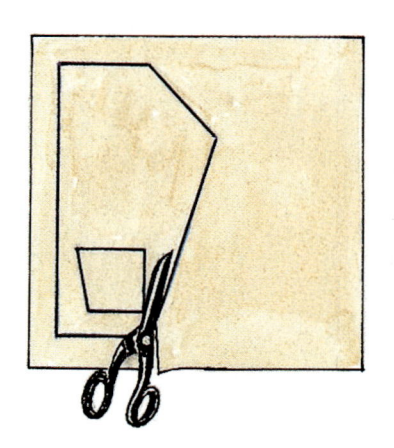

14

2. Schneide den Boden eines Müllsacks ab!
   Ziehe den Sack auseinander und befestige ihn auf dem Tisch
   an den Rändern mit Tesafilm!

3. Lege die Schablone an die geschlossene Kante
   auf den Müllsack. Zeichne den Umriss mit einem Filzstift
   nach und schneide aus!

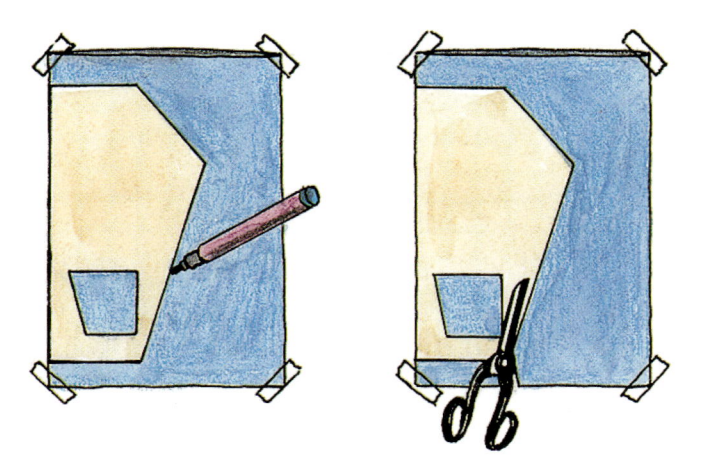

4. Breite die Folie aus!

15

5. Lege die Leisten entlang der äußeren Linien der Löcher zu den Ecken, markiere sie und säge sie ab!

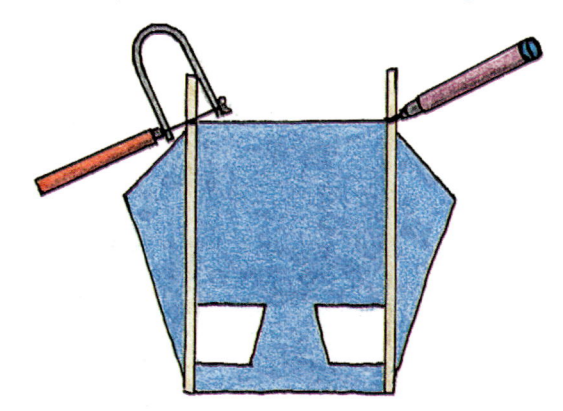

6. Auf diesem Bild siehst du, wie du die Leisten auf der Folie befestigst.
Die nächsten Bilder helfen dir dabei.

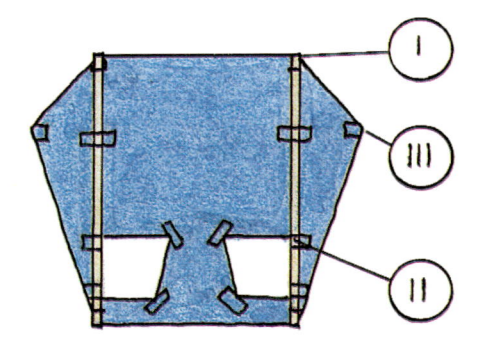

(I) Umklebe die Enden der Leisten mit Klebeband!

(II) Befestige die Leisten an den Ecken der Löcher mit Tesafilm!
Verstärke auch die anderen Ecken mit Tesafilm!

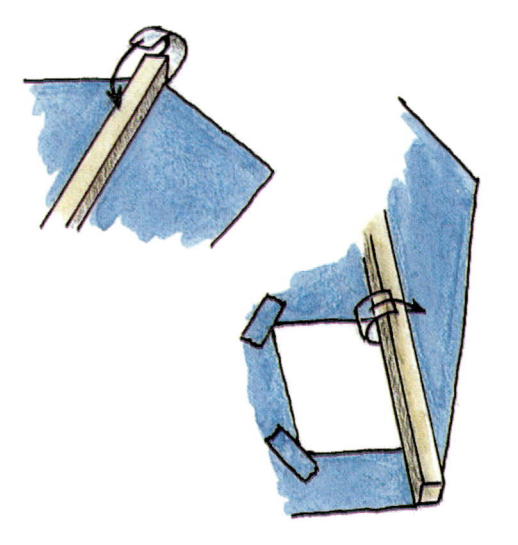

(III) Umklebe die Ecken des Drachens mit Klebeband!
Füge ein Hölzchen dazwischen.
Durchbohre das Klebeband dicht hinter dem Hölzchen!

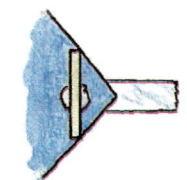

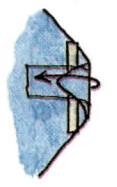

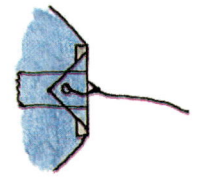

7. Nimm ein etwa 150 cm langes Stück Drachenschnur, bringe einen Ring an und befestige die Schnur an den Drachenenden!

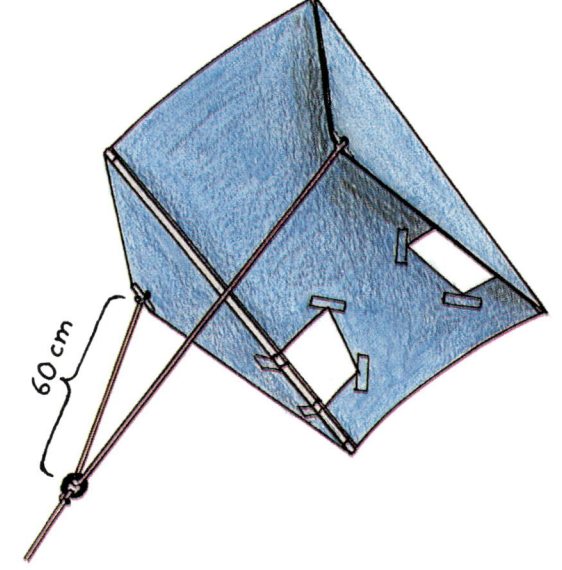

Nun bekommt der Drachen noch ein Gesicht.

Dann befestige die Drachenschnur mit einem Haken an dem Ring und es kann losgehen.
Am besten, du benutzt einen Sicherheits-Wirbel, (Angelgeschäft). Dann schlingert der Drachen nicht.

Viel Spaß!

nach Walter Diem

Der Müller

Der Müller war früher ein wichtiger und meistens ein reicher Mann. Er war für die Herstellung des Mehls verantwortlich, aus dem das wichtigste Nahrungsmittel, das Brot, gebacken wird. In vielen Liedern oder Märchen kommt der Müller vor. Sein Arbeitsplatz ist die Mühle. Es gab vom Wasser angetriebene Wassermühlen und vom Wind angetriebene Windmühlen. Windmühlen sind riesig groß. Sie stehen oft auf einer kleinen Anhöhe, damit der Wind sie besser erreicht. In der Mühle arbeiteten früher neben dem Müller die Burschen. Es waren kräftige Kerle, die schwere Säcke von einem Gewicht über 100 kg tragen konnten. Die Arbeit in der Mühle war hart und dauerte oft sehr lange. Die Kraft des Windes musste ausgenutzt werden. Wenn Windstille war, gab es auch in der Mühle nicht mehr viel zu tun.

Windmühlen

In der Bundesrepublik gibt es heute noch rund 400 Windmühlen. Sie stehen in Schleswig-Holstein, Mecklenburg-Vorpommern, Niedersachen, im Münsterland und am Niederrhein. Sie kommen nur in Gegenden vor, in denen der Wind oft und stark weht. In den Niederlanden gibt es sogar rund 900 Windmühlen, die noch arbeiten.

Mühlen heute

Die Windmühlen wurden im Laufe der Zeit durch Maschinen abgelöst. Heute sind Mühlen turmhohe Bauten. Sie sind nicht mehr vom Wind abhängig, sondern werden mit Strom betrieben. Die Landwirte liefern das geerntete Getreide bei der Mühle ab. Hier wird es in großen Silos gelagert.
Bevor das Getreide gemahlen wird, muss es gereinigt werden. Staub, Sand, Strohteile, Steine, Unkrautsamen und auch das giftige Mutterkorn werden entfernt.
Die Körner werden in großen Walzstühlen geschnitten, aufgebrochen und zerdrückt. Dabei entstehen verschieden große Mehlteilchen. Sie werden gesiebt und nach der Größe getrennt. Die größeren und mittleren Körnerteile werden weiter zerkleinert und nochmals gesiebt. Alle Arbeiten werden durch Computer gesteuert und überwacht.
Die Mahlerzeugnisse werden dann in Silos gelagert und danach lose in Silowagen oder verpackt in Papiertüten oder in Säcken weggefahren. Die verschiedenen Mehlsorten haben Nummern. Im Supermarkt kann man hauptsächlich Weizenmehl Type 405 kaufen. Die anderen Mehlsorten kaufen Bäckereien und Brotfabriken.

Windkraftwerke

Seit mehr als fünfzig Jahren wird in Europa versucht, die Windkraft wieder gezielt zu benutzen. Man versucht, durch Windkraftwerke Strom zu gewinnen. Hierzu hat man riesige Türme erbaut, an denen Windräder vom Wind angetrieben werden.

Die ersten Windkrafträder wurden hauptsächlich bei Landwirten aufgestellt, die abseits der Städte oder Dörfer ohne Strom waren. Heute finden wir an den verschiedensten Stellen in Europa turmhohe Windkraftanlagen. Sie wurden in Gegenden aufgestellt, in denen häufig viel und vor allem kräftiger Wind weht.

Dies sind die Gegenden um die Nord- und Ostsee. Darum findet man die meisten Windkraftwerke in den Ländern Deutschland, Dänemark und Schweden.

Es gibt in Deutschland inzwischen über 1000 Windkraft-Anlagen, die elektrischen Strom erzeugen. Die älteste Anlage hierzu ist die Großwindanlage – GROWIAN genannt – in der Nähe der Stadt Brunsbüttel in Schleswig-Holstein. Sie wurde im Jahr 1981 errichtet. Der Turm hat eine Höhe von 150 m, die Rotorblätter sind 100 m lang.

Getriebelose Windenergieanlage

Milchbrötchen

1. Stelle dir die Zutaten zurecht. Miss genau ab!
2. Das Rezept gilt für ungefähr 24 Stück.

3. 250 g Weizenmehl Type 550
4. 250 g Weizenmehl Type 1050
5. 1 Würfel Hefe
6. 75 g Zucker
7. 40 g Korinthen
8. knapp 400 ml Milch
9. 125 g weiche Butter
10. 2 Eier
11. 1 Päckchen Vanillezucker
12. 30 g gewürfeltes Zitronat
13. 1 Messerspitze gemahlener Kardamon

14. ○ Die beiden Mehlsorten werden in eine Schüssel gegeben.
15. ○ In die Mitte drückst du eine Mulde und bröckelst die Hefe
16.   hinein.
17. ○ Streue einen Teelöffel Zucker (von den 75 g) darüber
18.   und gieße dann 5 Esslöffel warme Milch darüber (von den
19.   400 ml).
20. ○ Streue vom Rand etwas Mehl über die Milch und verrühre die
21.   Hefe mit dem Zucker und der Milch zu einem Brei.
22. ○ Warte 15 Minuten, damit der Teig „gehen" kann.
23. ○ Jetzt gibst du alle Zutaten in eine Schüssel und verknetest
24.   alles zu einem glatten Teig.
25. ○ Decke die Schüssel mit einem Geschirrtuch ab und stelle sie
26.   an einen warmen Ort. Nach ungefähr zwei Stunden ist der
27.   Teig etwa zur doppelten Größe aufgegangen.
28. ○ Decke ein Backblech mit Backpapier ab. Forme jetzt Brötchen
29.   in der Größe von einer Mandarine und lege sie nicht zu dicht
30.   nebeneinander auf das Blech.
31. ○ Backe die Brötchen etwa 20 Minuten bei 175 Grad / Umluft
32.   150 Grad oder im Gasherd Stufe 2.

Guten Appetit

Vollkornbrötchen

Dieses Rezept ergibt ungefähr 10 Brötchen.

    200 g Weizenvolkornmehl
    200 g Roggenmehl Type 1050
    100 g Dinkelschrot
    1 Päckchen Trockenhefe
    1 Essl. dunkler Rübensirup
    $\frac{1}{8}$ l Buttermilch
    2 gestrichene Teelöffel Salz
    2 Essl. Kürbiskerne
    1–5 Essl. Sonnenblumenkerne

○ Gib alle Zutaten, aber nur einen Esslöffel Sonnenblumenkerne, in eine Schüssel.

○ Gieße 200 ml lauwarmes Wasser dazu und verrühre alles mit den Knethaken des Handrührers zu einem glatten Teig.

○ Decke die Schüssel mit einem Geschirrtuch ab und stelle sie an einen warmen Ort.

○ Nach 30 Minuten knetest du den Teig durch. Jetzt musst du nochmals 30 Minuten warten.

○ Nun knetest du den Teig kräftig durch. Forme ihn dann zu einer Rolle und schneide ihn in zehn Stücke.

○ Decke ein Backblech mit Backpapier ab. Forme aus den 10 Stücken runde Brötchen und lege sie nicht zu dicht nebeneinander auf das Blech.

○ Wenn du die Brötchen mit Sonnenblumenkernen bestreuen möchtest, bestreiche sie mit warmem Wasser und streue die Kerne darüber.

○ Decke nochmals das Handtuch über das Blech. Jetzt musst du wieder 30 Minuten warten.

○ Backe die Brötchen bei 200 Grad / Umluft 170 Grad oder Gas Stufe 3 etwa 20 Minuten.

Guten Appetit

ABC Spiel mit Wörtern

Ein Satz, der sich in den Schwanz beißt

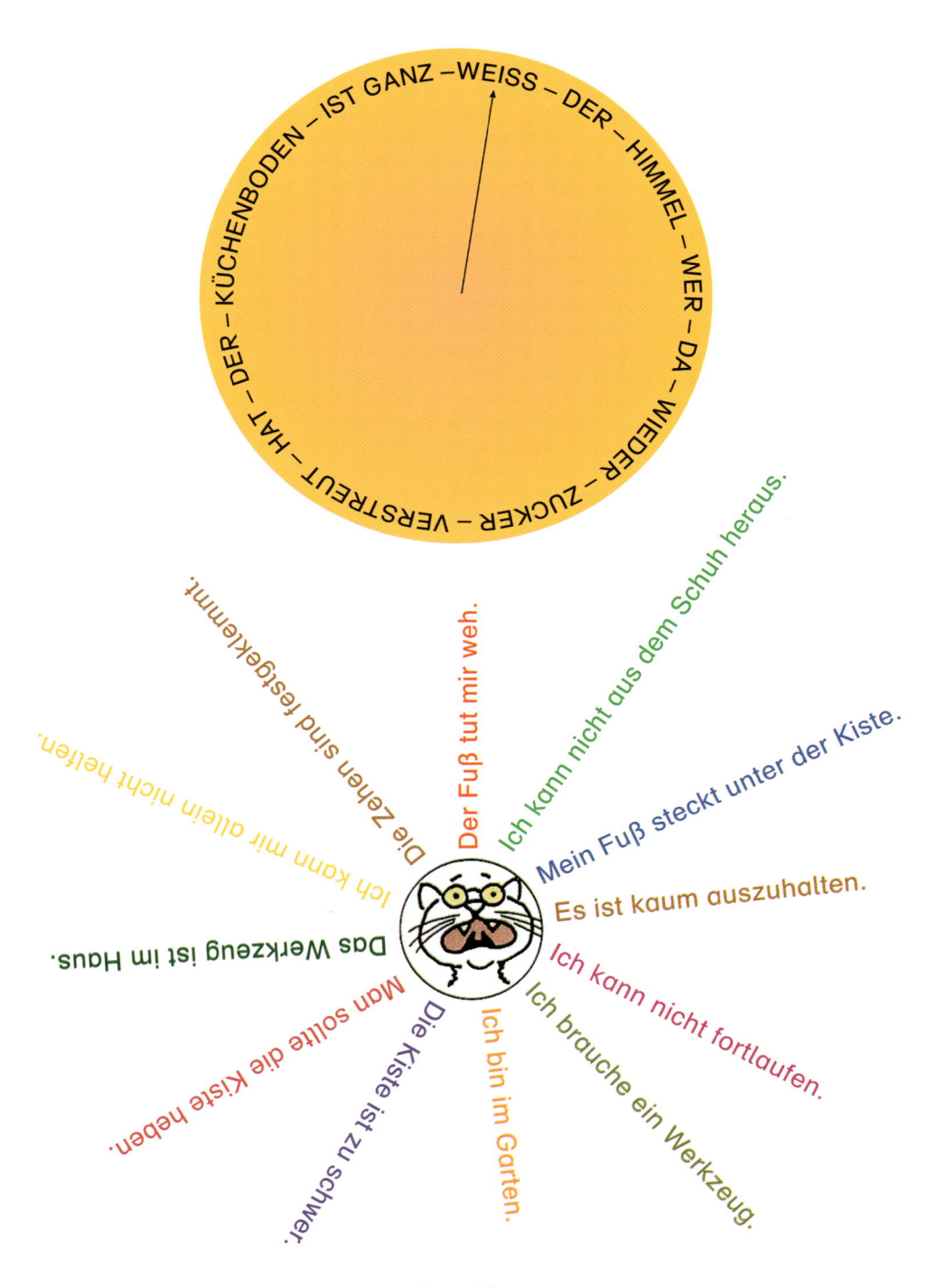

WEISS – DER – HIMMEL – WER – DA – WIEDER – ZUCKER – VERSTREUT – HAT – DER – KÜCHENBODEN – IST GANZ –

Der Fuß tut mir weh.
Ich kann nicht aus dem Schuh heraus.
Mein Fuß steckt unter der Kiste.
Es ist kaum auszuhalten.
Ich kann nicht fortlaufen.
Ich brauche ein Werkzeug.
Ich bin im Garten.
Die Kiste ist zu schwer.
Man sollte die Kiste heben.
Das Werkzeug ist im Haus.
Ich kann mir allein nicht helfen.
Die Zehen sind festgeklemmt.

Hans Manz

Lies vorwärts oder rückwärts und beginn, wo du willst.

Achterbahnträume

1. 8
2. Wachsoldaten
3. bew8en
4. W8eln in Sch8eln
5. und l8en:
6. „Auf der W8,
7. um Mittern8,
8. werden Feuer entf8
9. und die W8eln geschl8et."

10. „8ung",
11. d8en die W8eln,
12. „wir öffnen mit Sp8eln
13. die Sch8eln,
14. denn der Verd8,
15. dass man uns hinm8,
16. ist angebr8",
17. und entflogen s8,
18. abends um
19. 8

Hans Manz

Welches Tier versteckt sich hier?

W8L

Die WSP

Der ( )affe

Der SL

Die NT

Die Q

Thomas Weber

Du bist da und ich bin hier

1. Du bist da
2. und ich bin hier.
3. Du bist Pflanze,
4. ich bin Tier.
5. Du bist Riese,
6. ich bin Zwerg.
7. Du bist Tal
8. und ich bin Berg.
9. Du bist leicht
10. und ich bin schwer.
11. Du bist voll
12. und ich bin leer.
13. Du bist heiß
14. und ich bin kalt.
15. Du bist jung
16. und ich bin alt.
17. Du bist sie
18. und ich bin er.
19. Du bist Land
20. und ich bin Meer.
21. Du bist dunkel,
22. ich bin hell.
23. Du bist langsam,
24. ich bin schnell.
25. Du bist schmal
26. und ich bin breit.
27. Du bist Anzug,
28. ich bin Kleid.
29. Du bist einsam,
30. ich allein.
31. Komm, wir wollen
32. Freunde sein!

Frantz Wittkamp

Kommen und gehen

1. Komm geh!
2. Na, geh schon und komm!
3. Komm doch, komm!
4. Jetzt geh mir nicht auf die Nerven
5. und komm!!
6. Komm schon, geh, komm!
7. Aber komm mir nicht so!!
8. Geh, geh – komm, mach schon!!

Hans Manz

1. Hier kommt es auf die Betonung an.

Du bist dunkel, ich bin hell.

Die Wühlmaus

Die Wühlmaus nagt von einer Wurzel
das W hinfort, bis an die -urzel.
Sie nagt dann an der hintern Stell'
auch von der -urzel noch das l.

Die Wühlmaus nagt und nagt, o weh,
auch von der -urze- noch das e.
Sie nagt die Wurzel klein und kurz,
bis aus der -urze- wird ein -urz-.

Die Wühlmaus ohne Rast und Ruh
nagt von dem -urz- auch noch das u.
Der Rest ist schwer zu reimen jetzt,
es bleibt zurück nur noch ein -rz-.
Nun steht dies -rz- im Wald allein.
Die Wühlmäuse sind so gemein.

Fred Endrikat

1. Schreibe alle Wörter untereinander, die aus ‚Wurzel' wurden.
2. Führe das auch mit anderen Wörtern durch.

TROPS NIE TSI NETARLESTÄR

TROPS NIE TSI NETARLESTÄR:
Fällt dir diese Sprache schwer,
frage eine kluge Fee.
Dann wird dir dieser Rat zuteil:
!REH NETNIH NOV ZTAS NESEID SEIL

Josef Guggenmos

Lies diesen Satz von hinten her.

Kurz und knapp

Sprüche fürs Poesiealbum

Freundschaft

Hast du manchmal schon am Morgen
Ängste Kummer oder Sorgen
dann frag bei den Freunden an
ob dir einer helfen kann
denn ein Freund teilt auch die Sorgen
ist bereit dir Mut zu borgen
und verlässt ihn mal das Glück
dann gib ihm den Mut zurück

Liselotte Raumer

Wettergeschichte

Ein Regenschirm,
ein Sonnenschirm,
die im gleichen
Ständer standen,
waren ineinander verliebt.
Sie seufzten jeden Morgen:
„Lasst uns hoffen,
dass es trockenes, kühles Wetter gibt."

Wilhelm Busch

Fink und Frosch

Wenn einer, der mit Mühe kaum
Geklettert ist auf einen Baum,
Schon meint, dass er ein Vogel wär,
So irrt sich der.

Wilhelm Busch

tu was

denk, was du willst
sag, was du denkst
tu, was du sagst
tu, was du kannst

Volker Erhardt

Wer immer nur
vom großen Glücke träumt,
der findet nichts,
weil er
das kleine Glück versäumt.

Josef Büscher

andenken

wenn du da bist
und mir nah bist
bin ich froh
einfach so

bist du fern
denk ich gern
viel an dich
und freue mich

Volker Erhardt

Angewandte Mathematik

In einer kleinen schwedischen Stadt gab der Lehrer den Kindern folgende Rechenaufgabe mit, die sie zu Hause lösen sollten:

„Wie lange braucht ein Mann, der fünf Kilometer in der Stunde zurücklegt, um ein Stück zu umgehen, das 10 Kilometer im Quadrat misst?"

Am nächsten Tag erschien die Klasse pünktlich zur Stunde, aber es hatten nicht alle die richtige Lösung gefunden. Immerhin hatten sie alle etwas ausgerechnet, nur der kleine John Elmson brachte eine leere Schiefertafel mit, stattdessen aber einen Brief seiner Mutter. Der lautete:

Werter Herr Lehrer!

Unser Sohn ist wirklich noch zu klein, um derart schwierige Aufgaben lösen zu können.
Mein Mann hat sich daher heute morgen auf den Weg gemacht, um ein Stück Land zu finden, das 10 Kilometer im Quadrat misst. Sobald er es gefunden hat, wird er drum herumgehen, falls er fünf Kilometer in der Stunde machen kann. Wenn die Aufgabe gelöst ist, wird John Ihnen Bescheid bringen.

Mit Hochachtung
Frau Mary Elmson

P.S.:
Könnten Sie so etwas nicht selbst ausrechnen? Mein Mann hat wirklich Wichtigeres zu tun!

Curt Seibert

Frau Meier hat ihre Tochter Tina nun schon zum wiederholten Mal ins Bett gebracht und immer wieder ruft Tina, weil sie noch etwas fragen will. Schließlich reißt der Mutter der Geduldsfaden und sie droht: „Wenn du noch einmal Mami schreist, werde ich aber wütend." Eine Weile herrscht nun Ruhe, doch schließlich ertönt ein schüchternes Stimmchen:
„Frau Meier, kann ich wohl ein Glas Wasser haben?"

Lukas muss zu Hause oft seiner Mutter das Geschirr abtrocknen. „So etwas würde ich nie machen", sagt sein Freund, der einmal überraschend dazukommt. „Das würde mir ja nicht im Traum einfallen." „Mir auch nicht", meint Lukas, „aber meiner Mutter."

Sagt der Mann ganz aufgeregt zum Schaffner: „Der Zug hat schon über eine Stunde Verspätung!" „Na und?", erwidert der Schaffner, „Ihre Fahrkarte ist doch drei Tage gültig."

„Mami, mir graust ein bisschen!"
„Wieso denn, Ida, es ist doch alles in Ordnung?"
„Aber unsere Lehrerin hat gesagt, nach dem Tod wird jeder Mensch zu Staub! Stimmt das?"
„Ja, gewiss."
„Mami, dann ist unterm Bett einer gestorben!"

Thomas steht vor einer Haustür und müht sich vergeblich ab, an die Klingel heranzukommen.
Kommt ein älterer Herr vorbei, schaut eine Weile zu und fragt dann:
„Na, Kleiner, soll ich dir helfen?"
Thomas strahlt: „Ja, bitte!"
Der freundliche Herr hebt den Jungen hoch, damit er auf den Klingelknopf drücken kann.
„Danke", sagt Thomas, „aber jetzt müssen wir rennen, damit sie uns nicht zu fassen kriegen!"

„Herr Ober, jetzt sitze ich schon seit über einer Stunde hier."
„Aber das macht doch nichts, mein Herr, dafür sind die Stühle doch da!"

Alles nur Reklame

Reklame

1. Ich hab's heut Morgen
2. aufgeschnappt
3. von einer Anschlagsäule;
4. nun hat sich's in mir
5. festgepappt
6. und quält mich mit Geheule:
7. O-DENT-A gegen Zahnverfall,
8. O-DENT-A gegen Löcher,
9. O-DENT-A tönt es überall,
10. O-DENT-A noch und nöcher:
11. „die Zähne werden blendend weiß,
12. dein Zahnfleisch eine Rose
13. und duften wirst du aus dem Mund
14. wie eine Aprikose!"

15. Ich sause gleich zur Drogerie,
16. um mir das Zeug zu holen,
17. und putze mir von spät bis früh
18. die Zähne wie befohlen.
19. Doch heute hörte ich entsetzt
20. im Fernsehn: „Zur Hygiene
21. benutze CARANDENTAL jetzt
22. und rette deine Zähne!"

23. Was nehm ich nun, ich armer Mann?
24. Jetzt habe ich die beiden ...
25. Ich schaue stumm die Tuben an
26. und kann mich nicht entscheiden!

Max Kruse

30 1. Warum weiß der Mann nicht mehr, was er kaufen soll?

Werbung

1. Nimm PERSIL bei Naselaufen!
2. Katzen würden PAMPERS kaufen.
3. Mein PAL? Dein PAL? – Na, na, na:
4. PAL ist für uns alle da!

5. Köstlich: BAC und DENTABELLA,
6. zubereitet mit SANELLA!
7. Und bei Arbeit, Sport und Spiel,
8. was macht da mobil? – Nur PRIL!

9. Bist verkalkt du, nimm CALGON,
10. doch vielleicht hilft DUPLO schon.
11. ATA-Reisen: Schnell! Die Buchung!
12. KNORR – die zarteste Versuchung ...

13. MEISTER PROPER, Gott sei Dank,
14. packt dir SCHAUMA in den Tank.
15. Und DOMESTOS mit Aroma
16. gibt der Zahnarzt seiner Oma.

17. Koche nur mit KUKIDENT!
18. Und wenn's dir im Magen brennt:
19. AJAX, ESSO, KITEKAT –
20. Ja, da weiß man, was man hat!

Gudrun Pausewang

1. Denke dir weitere Beispiele aus.

Die Werbemutter

Kennt ihr die Mutter, die sich gar nichts daraus macht, wenn die Fußböden, die sie gerade geschrubbt hat, wieder schmutzig werden? Die lachend zuschaut, wenn die Kinder mit dem Hund von draußen hereinstürmen und überall auf den spiegelblanken Böden Dreckklumpen verlieren? Die ein Putzmittel hat, das mühelos sauber macht?

Wir haben nie spiegelblanke Böden. Wir kleckern beim Essen, uns laufen manchmal Flaschen aus. Bei uns wirbeln Staubflusen und Fadenreste vom Nähen. Aber wenn wir sauber machen, dann ist das richtige Arbeit. Dann müssen wir in die Ecken kriechen, Flecken reiben, Reste kratzen, auskehren und wischen. Da gibt es kein Mittel, das mühelos sauber macht, und keine Mutter, die sich gar nichts daraus macht.

1. Suche eine Überschrift für den ersten Absatz.
2. Suche eine Überschrift für den zweiten Absatz.

Die Kinder mit dem Plus-Effekt

1 Auf einer Haushaltsmesse wurden kürzlich
2 die idealen Kinder vorgestellt:
3 Sie sind mit Garantie sehr leicht zu pflegen,
4 knitterfrei und waschmaschinenfest.

5 Sie tragen stets nur blütenweiße Kleider,
6 wie man sie aus den Werbefilmen kennt.
7 Sie reißen in die Strümpfe keine Löcher,
8 das kommt von ihrem Stillhaltetalent.

9 Sie schreien nicht, sie flüstern stets verhalten,
10 statt widerborstig sind sie kuschelweich.
11 Ihr Lieblingswort ist selbstverständlich „danke",
12 wenn man sie ruft, dann folgen sie stets gleich.

13 Sie spielen nicht, sie üben auf der Geige,
14 sie trocknen das Geschirr mit Freude ab.
15 Wenn man sie streichelt, schnurren sie bloß leise,
16 und hat man keine Zeit – dreht man sie ab:

17 Denn sie sind ziemlich einfach zu ernähren,
18 am Rücken ist ein Stecker angebracht.
19 Den schließt man mittels Kabel an den Stromkreis,
20 das lädt die Batterien auf über Nacht.

Gerald Jatzek

Was für Kinder sind das?
Was ist so toll an ihnen?

Er sieht toll aus

Er sieht toll aus ...

Ich kann mich absolut auf ihn verlassen!

Ich mag ihn wirklich, ...

Meinen neuen Radiowecker!

Am Bildschirm

Musst du schon wieder fernsehen, Carola?

1 Ein leeres Wohnzimmer, in dem das Fernsehgerät läuft und
2 daneben die Küche, in der sich Menschen vergnügt unterhalten
3 – das gibt's doch nur im Märchen, oder?

Das Fernsehmärchen

4 Die ganze Familie und die Gäste sitzen schweigend in den
5 breiten Polstersesseln und starren in eine Richtung –
6 zum Fernsehschirm.

7 Auf dem Fernsehschirm sitzt eine Familie in breiten Polster-
8 sesseln und starrt ebenfalls in eine Richtung – zu einem Fern-
9 sehschirm, auf dem eine Familie in breiten Polstersesseln sitzt.
10 Wahrscheinlich starren auch diese Leute auf einen Fernseh-
11 schirm, aber das kann man nicht mehr so genau erkennen.

12 Plötzlich steht die Mutter auf und geht in die Küche.
13 „Entschuldigt", flüstert sie laut, weil der Apparat so dröhnt,
14 „ich muss noch Geschirr abwaschen!"
15 Tante Nelly wirft ihr einen vorwurfsvollen Blick zu. Sie hasst es,
16 wenn sie beim Fernsehen gestört wird.
17 Dann schleicht sich Onkel Theo – leise wie ein Indianer – aus
18 dem Raum und wirft dabei beinahe die große, dicke, bunte
19 Blumenvase um.

20 Nach und nach flüchtet einer nach dem anderen in die Küche.
21 Der Vater staunt nicht wenig, als er in die unaufgeräumte Küche
22 eintritt: Da stehen sie alle fröhlich herum, helfen der Mutter
23 beim Abwaschen und unterhalten sich.
24 Nur Tante Nelly sitzt ganz allein vor dem Bildschirm.
25 „Aber – die schläft", berichtet der Vater. Nach einer Weile
26 erscheint auch die Tante. Da ist das Geschirr schon längst
27 abgewaschen und eingeräumt. Doch niemand will die Küche
28 verlassen.

29 Im leeren Wohnzimmer dröhnt der Fernsehapparat.

Ernst A. Ekker

1. Warum treffen sich alle in der Küche?
2. Siehst du lieber alleine fern oder mit anderen?
3. Was machst du, wenn das Fernsehprogramm einmal langweilig ist?

Fernsehabend

1 „Vater, Mutter, hallo!"
2 „Psst!"
3 „Ich bin …"
4 „Später"
5 „Also, ich wollte nur …"
6 „Ruhe!"
7 „Dann geh ich …"
8 „Momentchen. Gleich haben sie den Mörder.
9 So, was wolltest du sagen, mein Kind? –
10 Jetzt ist es wieder weg.
11 Nie kann man in Ruhe reden mit ihm."

Hans Manz

Wenn wir einmal groß sind

1 Kerstin und Malte sitzen vor dem Fernseher. Zwischen den bei-
2 den liegt eine Tüte mit Kartoffelchips, in die sie abwechselnd
3 hineingreifen. Im Fernseher verfolgen drei Kinder gerade einen
4 Fahrraddieb.
5 Plötzlich steht Papa im Wohnzimmer. „Aha! Hab ich's mir doch
6 gedacht! Meine Kinder sitzen natürlich wieder vor dem Fern-
7 seher."
8 „Wir wollten gerade ausschalten", sagt Kerstin.
9 „So, wolltet ihr?", Papa tut erstaunt. „Das war eine gute Idee.
10 Noch besser wäre es allerdings gewesen, ihr hättet gar nicht
11 erst eingeschaltet."
12 „Wozu haben wir dann überhaupt einen Fernseher, wenn wir ihn
13 nie einschalten sollen?", möchte Malte wissen.
14 Papa antwortet nicht auf Maltes Frage. Er sieht die leere
15 Kartoffelchipstüte, die leere Gummibärchenpackung und die
16 halbe Tafel Schokolade. „Habt ihr zwei das alles gegessen?"
17 „Die Chips waren schon halb leer", behauptet Kerstin.
18 „Und die Tafel Schokolade ist noch halb voll", murmelte Malte.
19 „Da bin ich ja beruhigt", sagt Papa. Er schaltet den Fernseher
20 aus und nimmt die restliche Schokolade. „Wie oft habe ich
21 schon gesagt: zu viel fernsehen macht dumm, zu viel naschen
22 macht dick. Und ich möchte keine dummen dicken Kinder."
23 Malte und Kerstin hören weg, denn sie kennen Papas Vortrag
24 über zu viel fernsehen und zu viel naschen schon auswendig.
25 Eine Stunde später liegen Kerstin und Malte in ihren Betten.
26 „Schläfst du schon?", fragt Kerstin.
27 „Nö, ich bin noch gar nicht müde."
28 „Ich auch nicht." Kerstin knipst das Licht an. „Hörst du was?"
29 Malte hört Stimmen aus dem Wohnzimmer. „Vielleicht haben
30 Mama und Papa Besuch."
31 „Das möchte ich wissen", sagt Kerstin. „Komm, wir schleichen
32 hinunter."

Das braucht sie ihrem Bruder nicht zweimal zu sagen. Der ist sofort dabei. Je näher sie dem Wohnzimmer kommen, desto lauter werden die Stimmen. Es sind unbekannte Stimmen. Dann öffnet Kerstin leise die Tür und sieht sofort, woher die Stimmen kommen: aus dem Fernseher.

Papa und Mama sitzen vor dem Fernseher. Zwischen beiden liegt eine Packung Salzstangen, in die sie abwechselnd hineingreifen. Im Fernseher verfolgen zwei Polizisten gerade einen Autodieb. Für eine Weile vergessen Papa und Mama sogar die Salzstangen. Als die zwei Polizisten den Autodieb in eine Falle gelockt und gefangen haben, atmen Papa und Mama erleichtert auf. Sie futtern die restlichen Salzstangen und Papa trinkt dazu ein Glas Bier.

Malte zieht Kerstin zurück und flüstert: „Sollen wir hineingehen?" Kerstin schüttelt den Kopf. „Komm mit!"

Sie schleichen zurück in ihr Zimmer. Dort meckert Malte: „Papa und Mama dürfen alles, was sie uns verbieten. Das ist ganz ungerecht und gemein. Das sage ich ihnen."

„Warte, ich habe eine bessere Idee!" Kerstin holt ein Blatt Papier und schreibt drauf:

> *Zu viel fernsehen macht dumm, zu viel naschen macht dick.*
> *Wir möchten keine dummen dicken Eltern.*
> **Kerstin und Malte**

Kerstin und Malte schleichen noch einmal zum Wohnzimmer. Papa und Mama sitzen immer noch vor dem Fernseher. Kerstin schiebt das Blatt Papier unter der Tür hindurch. Dann gehen sie leise in ihr Zimmer und legen sich in die Betten. Dort unterhalten sie sich noch lange darüber, wie ungerecht es auf der Welt doch ist. Und sie versprechen einander, alles anders zu machen, wenn sie einmal groß sind.

Manfred Mai

1. Was sagen die Eltern wohl am nächsten Morgen?
2. Finden deine Eltern auch, dass du zu viel Fernsehen guckst?

Der Computer machts möglich

1 Viele meinen, sie könnten ganz sicher glauben, was sie mit
2 ihren eigenen Augen sehen. Das ist ein Irrtum. Am Computer
3 kann man Bilder und Fotos bearbeiten und dabei vollkommen
4 verändern.
5 Wenn man mehrere Bilder zusammenfügt, nennt man das
6 Montage.
7 Nicht immer kann man erkennen, ob es sich um ein Foto oder
8 um eine Bearbeitung handelt. Manchmal sieht man aber sofort,
9 dass etwas nicht stimmt.

1. Was ist denn hier los?

Das Foto auf Seite 40 ist aus drei anderen gemacht:

2. Überlege dir, wie die drei Fotos montiert wurden.
3. Warum werden Fotos wohl bearbeitet? Welchen Nutzen hat das für die Werbung?

Die Medienwelt von morgen

1 Ihr alle kennt verschiedene Massenmedien, die uns im Alltag
2 begegnen: das Radio, Zeitungen, Zeitschriften und Bücher, und
3 vor allem das Fernsehen.
4 Das große Medienangebot bietet jedem die Chance, sich über
5 Politik, Wirtschaft, Kultur und Sport zu informieren.
6 10.000 Zeitungen und Zeitschriften, 300 Radio- und über
7 30 Fernsehprogramme stehen uns zur Verfügung.
8 Durch den technischen Fortschritt werden die Medien in Zukunft
9 noch vielseitiger. Es wird das elektronische Buch und die Zei-
10 tung am Bildschirm geben, wir werden mit dem Computer unser
11 Abendessen bestellen oder mit unseren Freunden am Bild-
12 schirm plaudern können. Die elektronischen Medien werden
13 eine noch größere Rolle in unserem Leben spielen und unsere
14 Lebensgewohnheiten beeinflussen.

1. Welche Medien kennst du?
2. Welche Medien nutzt du am meisten?

Alltag im Jahr 2020

1 Familie Korte sitzt wie fast jeden Abend vor der Medien-
2 station. Das ist ein Apparat, mit dem man telefonieren,
3 fernsehen, Musik hören, spielen und einkaufen kann.
4 Die Medienstation besteht aus einem Computer mit großem
5 Bildschirm, einer Kamera und einem Mikrofon sowie allen Teilen
6 einer Stereoanlage, einem Drucker und einer Tastatur.

7 Nachdem Frau Korte noch schnell mit der Fernbedienung eine
8 Einkaufsliste auf dem Bildschirm angewählt hat, klickt sie auf
9 die Butter, die Milch, die
10 Marmelade und auf das
11 Brot. Die Lebensmittel
12 werden wenig später
13 von einem Boten ins
14 Haus gebracht.
15 „Jetzt wollen wir noch
16 schnell bei Oma rein-
17 schauen", sagt Herr
18 Korte. Die alte Frau
19 Korte wohnt eigentlich
20 nicht weit weg, nur ein
21 paar Kilometer entfernt
22 im Nachbarort. Früher
23 sind sie öfter bei ihr vor-
24 beigefahren. Oliver
25 mochte vor allem den
26 leckeren Apfelkuchen, den es dort immer gab. Die Besuche bei
27 der Oma sind aber seltener geworden, seit die Familie das Bild-
28 telefon hat. Dafür sieht man sich jetzt öfter auf dem Bildschirm.

1. Warum würde Oliver die Oma lieber besuchen?

Eltern und Kinder

Mutter sagt immer nein

1. Nie würde ihre Mutter das erlauben.
2. Franka trug die Sporttasche unter den Arm geklemmt.
3. Der Riemen war schon wieder abgerissen.
4. Nie würde ihre Mutter erlauben, dass sie die Radtour mitmachte.
5. Nie. Aber Franka war nicht gewillt, so leicht aufzugeben.
6. „Alle fahren mit", würde sie sagen.
7. „Alle meine Freundinnen.
8. Die Jutta, das Mareile und
9. die Christel auch."
10. „Das ist mir ganz gleichgültig",
11. würde die Mutter sagen.
12. „Du fährst trotzdem nicht!"
13. „Warum nicht?", würde Franka
14. fragen.
15. „Weil es zu gefährlich ist",
16. würde die Mutter antworten.
17. „Aber wir sind doch keine
18. kleinen Kinder mehr", würde
19. Franka ihr entgegenhalten.
20. „Du sagst doch selber,
21. dass man lernen muss,
22. sich in der Welt zurechtzufinden."
23. „Ja", würde die Mutter sagen.
24. „Aber langsam und vorsichtig.
25. Nach und nach."
26. „Warum dürfen denn die anderen?", würde Franka
27. wieder anfangen.
28. „Das weiß ich nicht", würde die Mutter sagen.
29. „Und das ist mir auch ganz egal."

30 An dieser Stelle spätestens würde Franka anfangen zu heulen.
31 „Lass mich doch mit!", würde sie betteln.
32 Und die Mutter würde sagen „Nein!" und „Basta".
33 Als Franka in ihren Gedanken so weit gekommen war, stand sie
34 vor der Wohnungstür. Sie war so angespannt wie jemand, der
35 losspringen will.

36 „Na", sagte ihre Mutter. „Da bist du ja."
37 Und jetzt fängt es an, dachte Franka.
38 „Die anderen machen eine Radtour an den Steinsee", sagte sie.
39 „Darf ich mitfahren?"
40 „Ja", sagte ihre Mutter.

Gina Ruck-Pauquet

1. Franka glaubt, dass ihre Mutter gegen die Fahrt ist.
   Zähle die Einwände auf, die sie erwartet.

Was ein Kind gesagt bekommt

1. Der liebe Gott sieht alles.
2. Man spart für den Fall des Falles.
3. Die werden nichts, die nichts taugen.
4. Schmökern ist schlecht für die Augen.
5. Kohlentragen stärkt die Glieder.
6. Die schöne Kinderzeit, die kommt nicht wieder.
7. Man lacht nicht über ein Gebrechen.
8. Du sollst Erwachsenen nicht widersprechen.
9. Man greift nicht zuerst in die Schüssel bei Tisch.
10. Sonntagsspaziergang macht frisch.
11. Zum Alter ist man ehrerbötig.
12. Süßigkeiten sind für den Körper nicht nötig.
13. Kartoffeln sind gesund.
14. Ein Kind hält den Mund.

Bertolt Brecht

1. Dieses Gedicht wurde um 1935 geschrieben. Was davon wird den Kindern heute noch gesagt?
2. Welche Ermahnungen hören Kinder heute?

Ich denke nach

1. Oft erzählt Mutter von früher.
2. Sie erzählt, was ich alles angestellt habe,
3. als ich noch ganz klein war.
4. Sie erzählt, wie sie mich bekommen hat,
5. wie ich laufen gelernt habe
6. und was für Fragen ich gestellt habe.
7. Da müssen wir immer lachen.

8. Jetzt bin ich schon größer.
9. Ich kann schon lesen, schreiben und rechnen.
10. Vater sagt: Das ist wichtig für das spätere Leben.

11. Ob er Recht hat?
12. Eigentlich würde ich viel lieber spielen
13. als Hausaufgaben machen
14. und an das „spätere Leben" denken.

15. Aber manchmal denke ich doch daran.
16. Wie wird es sein?
17. Was soll ich werden?
18. Pilot wäre ganz schön! Oder Rennfahrer!

19. Auf jeden Fall möchte ich groß werden.
20. Und froh.
21. Wäre ich doch schon groß!

22. Doch manchmal habe ich auch etwas Angst.
23. Warum nur?

Günther Weber

1. Was möchtest du werden?
2. Wie möchtest du später einmal leben?

47

Ich hab's nicht leicht

Epilepsie: Eigentlich lebe ich wie alle anderen

Als ich 5 Jahre alt war, hatte ich meinen ersten epileptischen Anfall. Damals wusste ich noch gar nicht, was das ist. Wir wollten gerade nach Italien in Urlaub fahren. Meine Eltern packten die Koffer. Ich spielte mit meiner älteren Schwester. Was dann passierte, kann ich nur anhand von Erzählungen meiner Familie berichten. Meine Schwester sah, wie ich zu Boden fiel, mein Körper steif wurde, Arme und Beine zuckten, mein Gesicht blau anlief und ich ohnmächtig wurde. Sie rief nach unseren Eltern. Wir fuhren in das nächstgelegene Krankenhaus. Meine Eltern fürchteten um mein Leben. Nach einigen Minuten muss ich wohl wieder hörbar geatmet haben. Auch meine normale Gesichtsfarbe war zurückgekehrt. Die Ärzte teilten meinen Eltern mit, dass ich einen Krampfanfall gehabt hätte. Sie erklärten ihnen, was Epilepsie ist. Nachdem eine Woche lang kein weiterer Anfall aufgetreten war, konnten wir endlich wie geplant in Urlaub fahren.

Leider bekam ich aber in den folgenden Monaten noch fünf Anfälle. Seitdem muss ich Medikamente nehmen. Manchmal habe ich einige Jahre lang keine Anfälle und lebe ganz normal. Eigentlich darf ich fast alles machen wie andere Jugendliche auch: Schlittschuh laufen, reiten, fernsehen, ins Kino gehen und lesen. Am Schulsport nehme ich auch teil. Weil es mir Spaß macht, spiele ich sogar in der Volleyball-AG meiner Schule mit. Einige Dinge verbieten mir der Arzt und meine Eltern natürlich. Zum Beispiel darf ich nicht ohne Helm Rad fahren. Und ich darf auch nicht allein schwimmen.

Die Tabletten, die ich einnehmen muss, haben leider Nebenwirkungen. Häufig leide ich unter Magen- und Kopfschmerzen;

manchmal habe ich keinen Appetit. Sie beeinflussen auch mein Verhalten. Ich rege mich öfter wegen Kleinigkeiten auf. Wenn mich andere ärgern, gerate ich leicht aus dem Häuschen. Deshalb finde ich nicht so einfach Freunde. Manchmal bin ich etwas allein.

Natürlich habe ich darüber nachgedacht, was ich später tun möchte. Im Augenblick weiß ich es aber noch nicht so genau. Mein Arzt sagt, dass ich gute Heilungschancen habe, aber ich muss erstmal abwarten. Meine Hoffnung ist endlich ganz anfallsfrei zu sein. Meine Eltern, meine Schwester und ich glauben fest daran.

Was ist Epilepsie?

In Deutschland leben etwa 800 000 Epileptiker. Vielleicht ist diese Zahl noch größer, weil man die Krankheit nicht immer sofort erkennt.

Bei einem kleinen Anfall kommt es zu leichten Muskelzuckungen. Sie dauern nur wenige Sekunden. Bei einem großen Anfall verkrampfen sich die Muskeln und der Betroffene verliert kurz das Bewusstsein. Er wird ohnmächtig. Das kann bis zu fünf Minuten dauern.

Das Gehirn besteht aus einem dichten Netz von Nervenzellen. Wenn die Sinnesorgane (Ohren, Nase, Augen, Zunge und Haut) etwas wahrnehmen, teilen sie das dem Gehirn mit. Die Mitteilung wirkt auf die Nervenzellen wie eine elektrische Ladung. Diese Ladung löst dann eine Handlung aus. Wenn du zum Beispiel mit der Hand eine heiße Herdplatte berührst, sorgt das Gehirn dafür, dass du die Hand sofort wieder wegziehst. Bei einem Epileptiker ist die elektrische Ladung der Nervenzellen zu hoch. Die Nervenzellen entladen sich dann wie ein Gewitter. Daher kommen die Anfälle.

Die Epilepsie ist keine Geisteskrankheit.
Medikamente können meistens helfen.

Görkem will so sein wie alle anderen Kinder

1 „Ich spreche ja viel besser deutsch als Fathma"
2 „Gur-ke, Gur-ke", ruft ihre Freundin Anna, wenn sie Görkem
3 ärgern will. Und Görkem zurück: „A-na-nas!"
4 „Und zu der Aida sag ich immer ‚I-A', du weißt schon, so wie ein
5 Esel macht."
6 Görkem Sayilan, zehn Jahre alt, ist dem Pass nach Deutsche,
7 aber ihr Aussehen ist türkisch, so wie das ihrer Eltern:
8 glänzendes schwarzes Haar, warme dunkelbraune Augen.
9 Aber darüber spricht sie nicht gern.

Görkem Sayilan (10) und ihr Bruder Erdem (7) sind Deutsche.

10 „Mein Papa ist Leiter im Haus der Jugend, der weiß alles.
11 Wenn ich mal die Hausarbeiten nicht kapier, kann der mir immer
12 helfen. Aber meistens mach ich die mit meiner Freundin Anna.
13 Die Anna kommt gerne zu uns, weil wir ein ganzes Haus haben.
14 Da können wir Lärm machen, wie wir wollen."

15 Im Garten Zirkus spielen, in der Wohnung Gummitwist – keiner
16 sagt was. Manchmal ist Görkems kleiner Bruder Erdem dabei.
17 Görkem: „Aber mich ärgert das, wenn der mir hinterherläuft.
18 Wir streiten uns immer. Immer."

19 Eine andere Freundin ist Fathma.
20 „Fathma ist in der Türkei geboren, die trägt ein Kopftuch und
21 zieht jetzt zurück mit ihren Eltern. Die freut sich schon darauf,
22 im Meer zu schwimmen."
23 Görkem würde das nicht wollen: „Ich sprech viel besser deutsch
24 als Fathma. Und ich schwimm auch lieber im Hallenbad, da ist
25 das Wasser wärmer."

26 Sauer wird sie, wenn sie jemand „Türkin" nennt.
27 „Ich bin Deutsche", sagt sie dann. Görkem will dazugehören,
28 die gleichen Jeans tragen, die gleichen Sprüche machen, die
29 gleichen Spiele spielen, den gleichen Pass haben.

30 Görkem will sein wie alle.

Simone Kosog

Warum hat es Görkem nicht leicht?

Frank findet es im Heim in Ordnung

„Die sind hier strenger als die Eltern"

„Und das hier ist meine Hälfte vom Zimmer" Frank springt vom Stuhl, geht durch den Raum und zieht durch die Luft eine Linie, die seinem Bruder Marc gerade das Bett lässt.
Das Zimmer, das sich die Brüder teilen, ist ein Zimmer im Kinderheim. 36 Kinder und Jugendliche leben hier.

„Hier ist es ganz gut", sagt Frank (12): „Als ich vor fünf Jahren hierher kam, habe ich einen Tag nur geheult, aber dann habe ich mich daran gewöhnt." Er richtete sich ein in dem Rhythmus: 6.30 Uhr Aufstehen. Schule, Mittagessen, Schulaufgaben, Freizeit. 20.45 Uhr Bettruhe.
Festes Taschengeld, festes Kleidungsgeld, das die Größeren nach eigenem Geschmack ausgeben. Frank trägt heute Fußballschuhe, Piratenhose und einen Pulli mit dem Aufdruck „No limits" – „Keine Grenzen".

„Malen, zeichnen, basteln" sei sein Liebstes, sagt Frank: „Ich male viel ab und ich male Fantasiebilder, die ich dann verschenke." Viele hängen an der Wand; und eins seiner Bilder hat die Stiftung als ihr Plakat gewählt: eine Landschaft aus Bergen und Wiesen, kleine Häuser, Menschen Hand in Hand.
Nein, er finde nichts daran, im Heim zu wohnen; nur manche in der Schule fragten schon mal.
Und „die Betreuer sind strenger als meine Eltern".

Hubert Wolf

1. Kennst du jemanden, der im Heim wohnt?
2. Welche Fragen hast du an ihn?

Frank Giese, 12 Jahre, möchte eines Tages wieder nach Hause

In der Bundesrepublik leben rund 65 000 Kinder und Jugendliche in Heimen. Einige wohnen dort, weil sie keine Eltern mehr haben. Andere haben sich mit ihrer Familie so schlecht verstanden, dass sie nicht mehr zu Hause wohnen wollen. Sie wurden geschlagen, missbraucht oder stark vernachlässigt. Sie haben niemanden, der sich um sie kümmert.
Die meisten Kinder und Jugendlichen, die in einem Heim leben, wünschen sich eine ganz normale Familie. Aber sie wissen, dass das meistens nicht mehr möglich ist.

Berufe

Verkaufen als Beruf

Frau Nau berichtet über ihre Arbeit

Nach zwei Jahren Ausbildung zur Fleischereiverkäuferin bin ich jetzt bei Meuters tätig. Ich arbeite gerne hier. Wir helfen uns gegenseitig. Aber vieles an der Arbeit ist immer gleich: das Vorbereiten der Ware für den Verkauf, das Ein- und Ausräumen der Verkaufstheke, die Reinigungsarbeiten.
Das Angebot und die Preise kenne ich in- und auswendig. Auch beim Verkaufen wiederholt sich vieles. Das dauernde Stehen und der Stress zum Wochenende macht mir Schwierigkeiten. Dann fällt es mir schwer freundlich zu bleiben.
Doch der Beruf hat auch schöne Seiten: Ich kann den ganzen Tag mit Menschen sprechen. Wenn die Stammkunden kommen, freue ich mich ganz besonders.
Die Chefin sagt öfter: „Nur zufriedene Kunden kommen wieder."

Aus einem Verkaufsgespräch

1 **Kundin:** Guten Tag!
2 **Nau:** Bitte schön, was kann ich für Sie tun?
3 **Kundin:** Bitte 6 Bratwürstchen und 6 Nackenkoteletts.
4 **Nau:** Gern! Möchten Sie grillen?
5 **Kundin:** Ja, wir kriegen Besuch.
6 **Nau:** Darf ich Ihnen auch unsere
7 anderen Grillspezialitäten
8 empfehlen? Wir haben
9 sehr pikant gewürzte,
10 saftige Grillsteaks.
11 Ganz zartes Fleisch.
12 **Kundin:** Ja, gern.
13 **Nau:** Dann sollten Sie auch
14 unsere Rostbratwurst
15 kennen lernen, sie ist
16 besonders bei Kindern beliebt.
17 Aus dem Sonderangebot möchte ich Ihnen Rippchen
18 vorschlagen – ganz frisch. Mein Mann kann nicht genug davon
19 kriegen.
20 **Kundin:** Das sieht alles sehr appetitlich aus. Ich nehme dann
21 4 Grillsteaks, 4 Nackenkoteletts, 8 Rostbratwürstchen und
22 4 Rippchen.
23 **Nau:** Danke, ich packe Ihnen die Ware schnell ein. Kennen Sie
24 diese köstliche Grillgewürzmischung schon?
25 **Kundin:** Nein, ich nehme mal eine kleine Packung zum Probie-
26 ren.
27 **Nau:** Sie haben gut gewählt. Ich wünsche Ihnen einen
28 angenehmen Grillabend.

1. Was wollte die Kundin zuerst kaufen?
2. Womit verlässt sie den Laden?
3. Woran liegt das?

Am frühen Morgen in einer Stadt

> 3.55 Uhr

Der Betriebshof für die städtischen Fahrzeuge ist
hell erleuchtet. Petra M. unterdrückt ein Gähnen und
klettert auf den Fahrersitz.
Leise rollt die erste Straßenbahn los.

„Hoffentlich steigt heute Morgen kein Betrunkener ein,
der von der letzten Nacht übrig geblieben ist", geht es der
Fahrerin durch den Kopf.

Neben ihr, hinter ihr nähern sich andere Straßenbahnen.

Nach etwa einer Stunde gibt es an einer Endhaltestelle
den ersten Kaffee aus einer Thermoskanne.

Um 12.00 Uhr heißt es für alle Fahrerinnen und Fahrer
der ersten Schicht Dienstschluss.

4.10 Uhr

Die Großmarkthalle ist von weitem schon mit ihrem hellen Licht zu sehen. Hier stapeln sich die Paletten mit Obst und Gemüse. Da gibt es blaue Trauben – sie kommen aus Italien –, Apfelsinen aus Spanien und hellgrüne Paprika aus der Türkei. Sie wurden kurz vor Mitternacht angeliefert. Der Parkplatz füllt sich immer mehr. Händler aus der Umgebung wollen frische Waren holen.

4.30 Uhr

Am Hauptbahnhof wird der Kehrwagen in Gang gesetzt. Knatternd kurvt er rundherum. Ein Straßenkehrer hilft draußen mit. In nur wenigen Stunden, noch bevor die meisten Büros öffnen, hat der Kehrwagen eine ganze Ladung Papier, Abfall, Büchsen und Flaschen aufgesammelt.

5.30 Uhr

In der Brotfabrik herrscht schon voller Betrieb.
An einem Netzbackofen, so heißen die großen Backmaschinen, wird Teig zu 2500 Broten gebacken. An der Maschine stehen nur drei Männer.

Die meiste Arbeit kommt später.
Beim Verpacken sind viele Frauen beschäftigt.

6.00 Uhr

Pünktlich um sechs Uhr muss Landwirt Bergmeister im Stall sein. Sonst werden die Tiere unruhig. Er bringt mit der Schubkarre das erste Maisfrühstück, das die Kühe begierig verschlingen. Kaum ist das geschehen, führt er die Kühe zur Melkmaschine.

Ist das fair?

Leicht und schwer

1. Es ist leicht
2. andere zu beschimpfen:
3. Du Quatschkopf!
4. Du Rindvieh!
5. Du Sauertopf!
6. Du Depp!
7. Du Miesepeter!
8. Du Idiot!
9. Du Nasenbär!
10. Du Schwein!
11. Da findet man
12. ohne langes Überlegen
13. schnell die passenden Worte.

14. Es ist schwer
15. anderen etwas Nettes zu sagen:
16. Du …
17. Du …
18. Du …
19. Du …
20. Du …
21. Du …
22. Du …
23. Du …
24. Da findet man
25. trotz langem Überlegen
26. schwer die passenden Worte.

Manfred Mai

1. Finde passende Wörter.

Streiten muss sein!

Streiten muss sein!

                    Nein, Nein!

Streiten macht frei!

                    Es ist bloß Geschrei!

Streiten tut gut!

                    Es steigert die Wut!

Streiten macht Spaß!

                    Es erzeugt Hass!

Streiten ist fein!

                    Streit ist gemein!

Und was machen die beiden?
SIE STREITEN.

Irmela Bender

1. Was musst du beachten, damit ein Streit nicht verletzend wird?
2. Macht streiten wirklich Spaß? Oder steigert es nur die Wut?

Schneeballschlacht

Immer als Letzte gewählt

Fast jeden Tag nach der Schule spielten wir Fußball. Es waren immer die Gleichen, die die Mannschaften wählten: Otto und Horst.

Otto und Horst waren die besten Fußballspieler. Daran wurde nicht gezweifelt. Das war klar.

Sie wählten immer. Die guten Spieler wurden zuerst aufgerufen: Egon, Günne, Jus, Ali, Walter. Bei den letzten gerieten Horst und Otto ins Stocken. „Also gut, von mir aus nehm ich noch den Schulze."

„Dann muss ich den Brand nehmen."

Schulze und Brand wurden immer als Letzte gewählt. Darum stellten sie sich schon beim Wählen abseits. Sie wollten nicht hören, dass sie immer erst zum Schluss aufgerufen wurden.

Natürlich wurden sie ausgelacht. Fast jedes Mal.

„Schulze, pass auf! Das große Runde ist der Ball!"

„Brand, schieß in dieses Tor. Mach bloß kein Eigentor!"

Verloren wir, dann waren Schulze und Brand daran Schuld. Ein anderer Grund wurde gar nicht gesucht.

„He, Schulze, wegen deiner Vorlagen haben wir verloren, du Dackel!"

Jedes Mal.

Gewannen wir, dann waren Otto und Horst die Stars. Dabei hatten Schulze und Brand am Anfang nicht schlechter als die anderen gespielt. Aber weil sie zwei- oder dreimal Pech hatten mit Vorlagen, wurden sie immer weiter hinten gewählt.

Keiner spielte sie mehr an. Sie liefen unsicher herum.

33 Hatten sie einen Ball vor dem Fuß, brüllten die anderen schon.
34 Sie hatten bald keine Gelegenheit mehr, ein Tor zu schießen.
35 Aber es wurde noch schlimmer:
36 Beim Völkerball wurden sie als erste abgeschossen.
37 Sie stolperten beim Bockspringen, weil die anderen schon beim
38 Anlauf lachten.
39 Sie trauten sich bald gar nichts mehr selber zu.

nach Frieder Stöckle

1. Muss das so sein?
2. Kannst du das ändern?
3. Können Schulze und Brand etwas dagegen tun?
4. Ist das in eurer Klasse auch so?

Das Großmaul

1 Über den Bruno konnte ich zuerst mit niemand reden, weil ich
2 mich geschämt hab. Aber das ist jetzt vorbei. Jetzt kann ich
3 erzählen, wie alles war.
4 Der Bruno wohnt ein paar Häuser von uns weg. Schon gleich,
5 als er einzog, hab ich gemerkt, dass er mich nicht leiden kann.
6 Dabei hab ich ihm nie etwas getan.
7 Zuerst hat er mir immer nur Schimpfnamen wie Zimperliese
8 nachgerufen: Aber dann wurde er richtig gemein.

9 Einmal, als ich mittags von der Schule kam, lauerte er mir auf.
10 Es war niemand auf der Straße. Der Bruno lugte durch einen
11 Spalt aus seiner Haustür. Dann sprang er auf mich zu und rief:
12 „Jetzt kommst du in den Schwitzkasten!"
13 Er packte mich von hinten und presste mir meine Arme an den
14 Leib. Ganz fest umklammerte er mich. Ich konnte mich nicht
15 wehren. Die Luft blieb mir fast weg und mein Herz klopfte wild.
16 Ich wollte schreien, aber es kam kein Ton heraus. Plötzlich ließ
17 mich der Bruno los und sagte: „Pff – feige Nudel!"

18 Am nächsten Tag stand der Bruno wieder an der Tür. Da rannte
19 ich nach Haus, so schnell ich konnte. Der Bruno johlte hinter mir
20 her. Es freute ihn, dass ich Angst vor ihm hatte.

21 Um dem Bruno nicht immer zu begegnen, machte ich einen
22 Umweg. Wenn ich von der anderen Straßenecke aus heimging,
23 brauchte ich nicht an seinem Haus vorbei. Aber ich sah ihn
24 stehen und er sah mich und er spürte meine Angst. Er legte
25 beide Hände um den Mund und schrie: „Feige Nudel, feige
26 Nudel!"

27 Ich bin sonst gar nicht feig und schwach bin ich auch nicht. Aber
28 ich hatte Angst vor dem Bruno und das hat mich gelähmt.

29 Dann aber hat sich durch die Ulla alles gewandelt. Die Ulla ist
30 schlank und drahtig. Sie ist die Beste in Sport und klettert am
31 Seil bis zur Decke der Turnhalle hoch wie nichts. Das schafft
32 nicht mal der Bruno.
33 Einmal, als alle nach der Schule über den Hof stürmten, machte
34 sich der Bruno von der Seite an die Ulla heran.
35 „Kletteraffe!", zischelte er und stellte ihr ein Bein.
36 Die Ulla wäre beinahe hingefallen. Sie konnte sich gerade noch
37 auffangen. Aber dann hat sie sich auf den Bruno gestürzt und
38 ihn am Arm gepackt. Ganz fest hat sie ihn gehalten und gefragt:
39 „Schwitzkasten gefällig?"
40 Der Bruno versuchte sich loszureißen.
41 Er warf seine Schulmappe auf
42 den Boden und trat wild um sich.
43 Dabei schrie er:
44 „Nicht, nicht! Lass mich!"
45 Ganz piepsig und angstvoll
46 klang das. Da gab ihm die
47 Ulla einen Schubs.
48 „Zieh ab, du Miesling!"
49 Er rannte los wie ein
50 Verrückter. Ich war platt.
51 Dieses Großmaul rannte jetzt
52 genauso wie ich vor ihm.
53 Die Ulla nickte und ging
54 ganz gelassen davon.
55 So wie die müsste ich das auch machen!

nach Tilde Michels

1. Zähle auf, was das Mädchen versucht, damit es nicht weiter angegriffen wird.
2. Was tut Ulla?
3. Gibt es noch andere Möglichkeiten?
4. Hast du so etwas schon mal erlebt?

Manchmal fühle ich mich schlecht

Manchmal bin ich traurig

1. Manchmal bin ich traurig.
2. Und ich weiß auch, warum.
3. Zum Beispiel, wenn meine Freundin,
4. meine beste sogar,
5. ein anderes Mädchen plötzlich
6. lieber hat,
7. oder einen Jungen. Lieber als
8. mich.
9. Sogar sehr traurig bin ich dann.
10. Oder wenn mein Vater sagt,
11. ich hätte gelogen,
12. wenn es gar keine richtige
13. Lüge war.
14. Nur so eine Art Ausflucht
15. oder wie man das nennt.
16. Traurig kann man
17. aus hundert Gründen sein.
18. Nicht nur, wenn einer gestorben ist.
19. Es gibt auch kleine Traurigkeiten.
20. Wenn ich traurig bin,
21. bin ich allein,
22. ganz für mich.
23. Und dann werde ich oft
24. noch trauriger.
25. Wenn es ganz schlimm kommt,
26. kann es sein, dass ich bete.
27. Es ist so schön, wenn man
28. froh sein darf.

29 Neulich kam dann plötzlich
30 meine Mutter ins Zimmer.
31 Sie stellte mir ein Stück
32 Apfelkuchen auf den Tisch,
33 mit Schlagsahne.
34 Mitten in der Woche und
35 ganz ohne Grund.
36 Sie hat nichts gesagt.
37 Sie hat mir nur einfach
38 über den Kopf gestrichen.

39 Da flog die Traurigkeit
40 aus dem Fenster,
41 wie ein Vogel,
42 der sich in einem Zimmer verirrte.
43 Danach habe ich sogar Mathe
44 kapiert.

Marieluise Bernhard von Luttitz

1. Was kann man tun, damit man wieder froh wird?
2. Was kannst du tun, um andere froh zu machen?

Sabine

1. Wenn Sabine Hunger hat, dann sagt sie:
2. Ich habe Hunger.
3. Wenn Sabine Durst hat, dann sagt sie:
4. Ich habe Durst.
5. Wenn Sabine Bauchweh hat, dann sagt sie:
6. Ich habe Bauchweh.
7. Dann bekommt sie zu essen,
8. zu trinken und auch
9. eine Wärmflasche auf den Bauch.
10. Und wenn Sabine Angst hat,
11. dann sagt sie nichts.
12. Und wenn Sabine traurig ist,
13. dann sagt sie nichts.
14. Und wenn Sabine böse ist,
15. dann sagt sie nichts.
16. Niemand weiß,
17. warum Sabine Angst hat.
18. Niemand weiß,
19. warum Sabine traurig ist.
20. Niemand weiß,
21. warum Sabine böse ist.
22. Niemand kann Sabine verstehen
23. und niemand kann Sabine helfen,
24. weil Sabine
25. nicht über Sabine spricht.

Marianne Kreft

1. Man könnte das Gedicht in zwei Abschnitte unterteilen. Wo beginnt der zweite Teil? Begründe.
2. Was sollte Sabine anders machen?
3. Wie könnte man ihr helfen, wenn sie Angst hat?

Selbsthilfe

1 „Ich bin so unglücklich", sagte der Hans zur Mutter.
2 „Was soll ich dagegen tun?"
3 „Versuche es mit guten Taten", sagte die Mutter.
4 „Tue jeden Tag eine gute Tat!"
5 „Warum?", fragte der Hans.
6 „Weil gut sein glücklich macht", sagte die Mutter.
7 „Ich will es versuchen", murmelte der Hans.
8 Nach drei Tagen erkundigte sich die Mutter, ob es der Hans mit
9 den guten Taten schon versucht habe.
10 „Ja", rief der Hans. „Und es hat fabelhaft geholfen! Vorvor-
11 gestern habe ich mir Schokolade geschenkt! Vorgestern habe
12 ich mir eine Kinokarte gekauft! Gestern habe ich mir eine
13 Geschichte vorgelesen!"
14 „Du dir selber? Alles du dir selber?", rief die Mutter entsetzt.
15 „Na sowieso!", sagte der Hans. „Wer so unglücklich ist wie ich,
16 hat gute Taten wohl am allernötigsten!"

Christine Nöstlinger

1. Hat die Mutter das wirklich so gemeint?
2. Denke dir gute Taten für dich aus.
3. Denke dir gute Taten für deine Mutter aus.

Mädchen und Jungen

Geburtstagsabend

1 Heute ist mein dreizehnter Geburtstag. Meine Cousine Gitti will
2 mich zur Feier des Tages mit in die Disco nehmen. Ich habe
3 keine Lust mitzugehen: Alle schauen immer nur nach Gitti, weil
4 sie so hübsch ist. Ich dagegen bin richtig hässlich – nichts
5 stimmt an mir: Das Gesicht ist zu breit, die Augen sind zu
6 schmal und ich bin viel zu dünn. Am Ende gehen wir doch in die
7 Disco.
8 Nach einiger Zeit gibt Gitti mir einen Schubs mit dem Ellbogen.
9 „Siehst du den?" Ihr Blick zeigt in den Hintergrund des Lokals.
10 „Den Dunklen?" Ich seh den Dunklen. Er sieht ziemlich gut aus.
11 „Er schaut schon die ganze Zeit her. Wahrscheinlich ist er
12 schüchtern", flüstert Gitti.
13 Wir sitzen am Tisch.
14 Gitti schubst mich wieder.
15 „Er schaut noch immer her.
16 Siehst du's?"
17 Ich seh's. Er schaut wirklich
18 die ganze Zeit zu uns herüber.
19 Was heißt zu uns? Zu Gitti natürlich.
20 Es wird langsame Musik gespielt.
21 „Gleich wird er herkommen", sagt Gitti.
22 Sie hat Recht. Er kommt auf unseren Tisch zu und fragt: „Darf
23 ich bitten?" Gitti ist schon aufgestanden. Ich versuche, meinen
24 gelangweilten Blick beizubehalten. Ganz allein an einem Tisch
25 zu sitzen ist besonders blöd. Ist irgendwas?
26 Der Dunkle steht noch immer da und hat einen roten Kopf vor
27 Verlegenheit. „Ich hab deine Freundin gemeint", sagt er leise,
28 aber doch bestimmt.

29 Ich versteh noch immer nicht. Welche Freundin? Gitti schaut
30 fassungslos auf mich. Ich? Er meint mich.
31 Später beim Tanzen versuche ich herauszufinden, warum er
32 mich zum Tanzen geholt hat. Er weiß doch gar nicht, dass ich
33 Geburtstag habe.
34 „Meine Kusine ist hübsch, nicht wahr?", frage ich ihn.
35 „Sie ist deine Kusine? Ja, ganz hübsch", sagt er gleichgültig.
36 „Aber dich find ich hübscher."
37 Ist er kurzsichtig? Was findet er hübsch an mir, denk ich.
38 Er sagt es.
39 „Du erinnerst mich an meine Katze. Schmale Augen, hohe
40 Backenknochen." Er lacht. Es ist ein nettes Lachen. „Ich mag
41 meine Katze sehr gern."
42 Vorm Schlafengehen schau ich noch einmal in den Spiegel. Ich
43 bin nicht mager, ich bin schlank. Ich hab kein breites Gesicht,
44 sondern hohe Backenknochen. Und meine Augen sind nicht zu
45 schmal, sondern Katzenaugen.

nach Edith Schreiber-Wicke

1. Was mag das Mädchen zuerst an sich nicht?
2. Wie findet sie sich nach dem Abend?

Briefwechsel

Kommst Du heute?
☐ ja
☒ nein
ZAHNARZT!

KOMMST DU HEUTE?
☐ JA
☒ NEIN
FUßBALLTRAINING!

Kommst Du <u>heute</u>?
☐ ja
☒ nein
BRUDER AUFPASSEN!

KOMMST DU <u>HEUTE</u>?
☐ JA
☒ NEIN
HAUSARREST!!

Kommst Du ⎡HEUTE⎤?
☒ ja
☐ nein

WANN???
☐ 14 UHR
☐ 15 UHR
☒ 16 UHR

ECHT
SUPER
SPITZIG
TOLL!

Antonia, 12

1 Ich war wahnsinnig in einen Jungen aus meiner Klasse verliebt.
2 Hast du ihm das gezeigt?
3 Irgendwie schon. Ich bin aber nicht zu ihm gegangen und hab
4 ihm was gesagt.
5 Warum nicht?
6 Er hätte mich vielleicht ausgelacht.
7 Und was ist dann passiert?
8 Er hat sich in ein anderes Mädchen verliebt.
9 Hast du darunter gelitten?
10 Und wie! Ich hab viele Nächte geheult.
11 Hast du mit deiner Mutter darüber gesprochen?
12 Ja. Sie hat gelacht und mich in den Arm genommen.
13 War das deiner Meinung nach die richtige Reaktion?
14 Ich glaube, solche Sachen bespricht man besser mit Freundin-
15 nen. Mütter vergleichen die Erlebnisse ihrer Kinder mit ihren
16 eigenen. Sie können sich nicht so gut in einen hineinversetzen.
17 Hast du irgend etwas unternommen, um den Jungen dem ande-
18 ren Mädchen abspenstig zu machen?
19 Nein. Er ist doch nicht mein Eigentum.

Hätte Antonia ...? Wäre sie ...? Warum konnte sie nicht?

Typisch Mädchen?

Peter, 14   Die Klammeräffin

Mädchen nerven. Sie sind dauernd in irgendjemanden verliebt. Sie lachen zu laut und heulen zu oft. Man braucht sie nur einmal schief anzusehen und sie werden hysterisch. Zwei Stunden später steht dann ihre Mutter auf der Matte und beklagt sich. Das Schlimmste an Mädchen ist, dass sie dich dauernd beobachten und alles von dir wissen wollen.

Joachim, 16   Die Gefallsüchtige

Ich gehe wahnsinnig gern klettern. Neulich habe ich ein Mädchen aus meiner Klasse gefragt, ob sie mal mitkommen will. Sie hat begeistert zugesagt. Es war ein wunderschöner Tag. Später habe ich von ihrer Freundin erfahren, dass sie Berge hasst und die „blöde Kraxelei" zum Kotzen fand. Warum hat sie mir das nicht gleich gesagt?

Alex, 13   Die Plaudertasche

Mädchen plappern den ganzen Tag. Sie können sich stundenlang über den letzten Schrott unterhalten.

Aufgabe für die **Jungen**: Was ist typisch Mädchen? Schreibt auf.

Aufgabe für die **Mädchen**: Was haltet ihr davon?

Typisch Junge?

Katharina, 12   Der Angeber

Jungen geben furchtbar gern an. Wenn Mädchen unter sich sind, geben sie nicht an und sagen: „Ich bin besser als du."

Bettina, 16   Der Rechthaber

Jungen können es nicht verkraften, wenn man sagt: „Das ist falsch." Sie wissen immer alles besser. Deshalb halte ich oft den Mund und lasse sie in dem Glauben, ihre Meinung wäre die einzig wahre.

Aufgabe für die **Mädchen**:
Was ist typisch Junge?
Schreibe auf.

Aufgabe für die **Jungen**:
Was haltet ihr davon?

Noch nie verliebt?

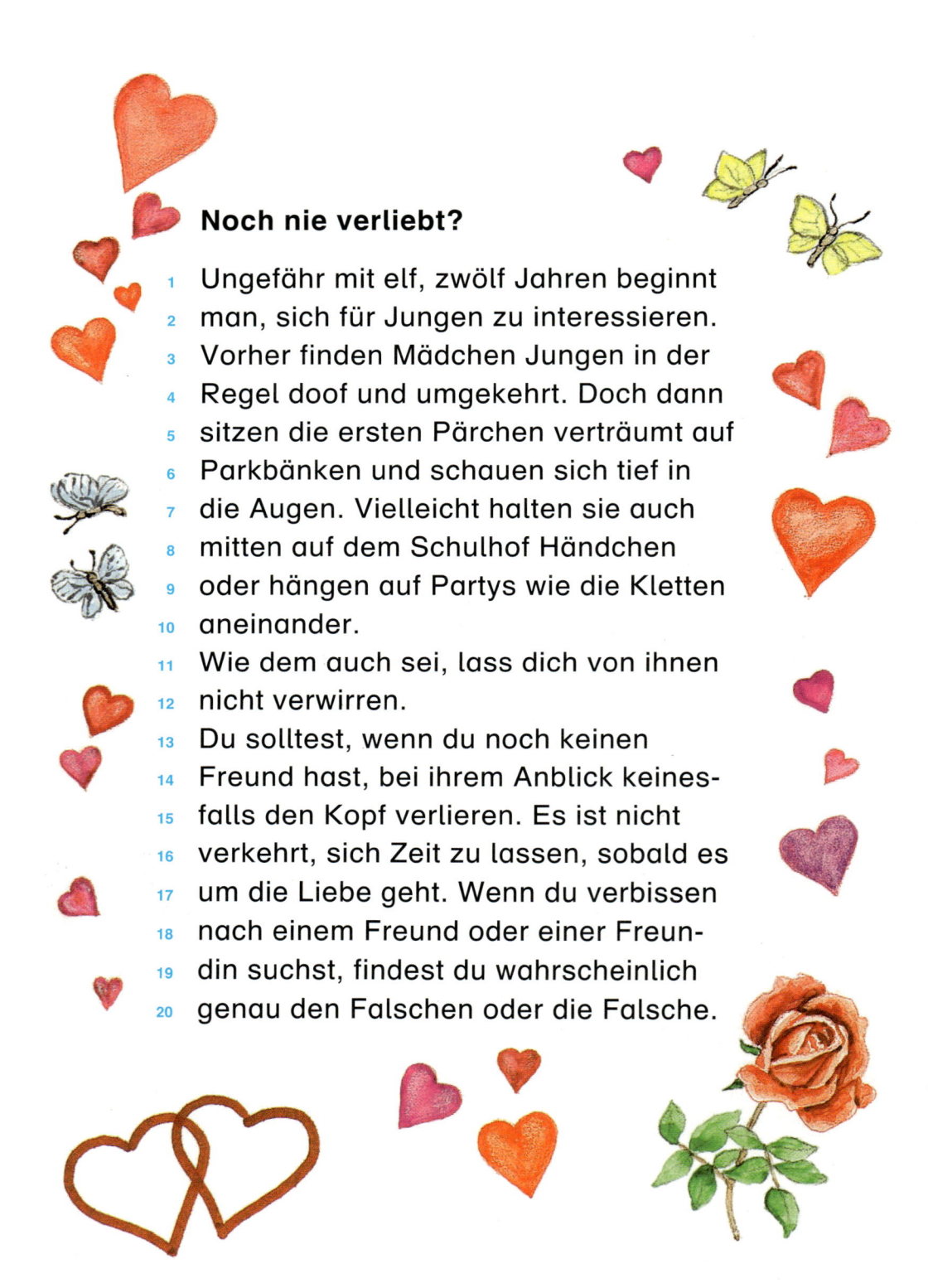

Ungefähr mit elf, zwölf Jahren beginnt man, sich für Jungen zu interessieren. Vorher finden Mädchen Jungen in der Regel doof und umgekehrt. Doch dann sitzen die ersten Pärchen verträumt auf Parkbänken und schauen sich tief in die Augen. Vielleicht halten sie auch mitten auf dem Schulhof Händchen oder hängen auf Partys wie die Kletten aneinander.
Wie dem auch sei, lass dich von ihnen nicht verwirren.
Du solltest, wenn du noch keinen Freund hast, bei ihrem Anblick keinesfalls den Kopf verlieren. Es ist nicht verkehrt, sich Zeit zu lassen, sobald es um die Liebe geht. Wenn du verbissen nach einem Freund oder einer Freundin suchst, findest du wahrscheinlich genau den Falschen oder die Falsche.

Krank sein

Das Bauchweh

1 Einmal hab ich Bauchweh gehabt.
2 Das Bauchweh war das Diktat, das wir
3 an dem Tag, an dem ich Bauchweh bekam,
4 schreiben sollten. Als ich morgens auf-
5 wachte, hatte ich schon ein leises Grum-
6 meln im Magen. „Ich habe Bauchweh", habe
7 ich zu meiner Mutter gesagt.

8 „Schreibst du eine Arbeit heute?", hat sie mich gefragt. Ich kann
9 nicht lügen, höchstens mal ein bisschen flunkern. Aber dann
10 kriege ich auch schon wieder Bauchweh. Also lass ich das lie-
11 ber sein. Dann schon lieber Bauchweh, weil ich irgendeine
12 Arbeit schreibe. „Ja, aber ich hab wirklich Bauchweh!", habe ich
13 zu meiner Mutter gesagt.

14 Da hat sie mir eine Entschuldigung geschrieben. Ich bin nicht
15 zur Schule gegangen. Mutter hat gesagt, dass ich zu Hause
16 bleiben soll und sie hat mir eine Suppe gemacht und mit mir
17 Diktat geübt. Als ich am nächsten Morgen zur Schule gegangen
18 bin, hab ich kein Bauchweh mehr gehabt.

19 Der Lehrer war auch krank gewesen. Er hatte auch Bauchweh
20 gehabt. Er sagte, er hätte etwas Schlechtes gegessen. Dann hat
21 er die Arbeit mit uns allen nachgeschrieben und ich hab nur
22 wenige Fehler gemacht. Seitdem hab ich kein Bauchweh mehr
23 vor einer Arbeit. Mutter sagt, auch Bauchweh muss man mal
24 haben. Man muss nur wissen, warum.

Nasrin Siege

1. Weshalb hatte das Kind Bauchweh?
2. Was kann Bauchschmerzen machen?

Bericht über meine Therapie auf der Station H

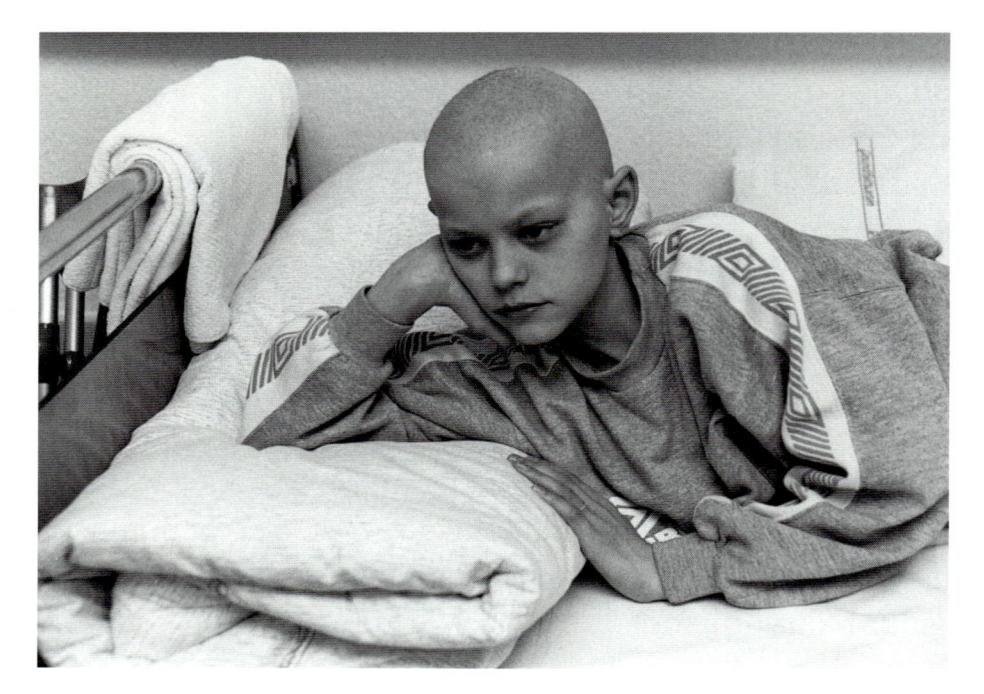

Mein Name ist Elke und ich bin 15 Jahre alt. Im Januar bin ich an einem Knochentumor erkrankt und auf die Station H gekommen. Zunächst konnte ich mich nicht eingewöhnen. Ich wusste nicht, welche Krankheit ich hatte und dachte, nur kurz auf der Station zu bleiben.

Erschrocken war ich über Kinder, die keine Haare hatten, überhaupt hat mir die Atmosphäre auf der Station nicht gefallen. Als mir gesagt wurde, dass ich einen Tumor habe, wusste ich, dass ich eine schlimme Krankheit habe, wie schlimm, wusste ich nicht. Mit Krebs habe ich meine Krankheit nicht in Verbindung gebracht.

Am Anfang war ich sehr verwirrt und hätte mir mehr Aufklärung von den Ärzten gewünscht. Die Schwestern waren ziemlich nett. Plötzlich, als meiner Familie klar wurde, was ich hatte, bin ich in den Mittelpunkt gerückt, was sehr schön war. Ich war froh, dass meine Mutter Zeit für mich hatte. Eigentlich finde ich es auch selbstverständlich, dass meine Mutter neben meinem Bett saß.

Ich wusste von Anfang an, dass meine Therapie auf Station H zehn Monate dauerte und es kam mir ewig vor. Sofort, als ich hörte, dass ich eine Art Krebs hätte, habe ich mir vorgenommen, dass ich es schaffen werde, wieder gesund zu werden. Da ich eine Therapie bekomme, bei der ich sehr viel spucken muss, erhalte ich Medikamente, die mich viel schlafen lassen. Sehr schnell sind meine Haare ausgefallen. Am Anfang fand ich das sehr schlimm, aber bald hatte ich mich daran gewöhnt. Wenn ich nach draußen gehe, setze ich immer eine Mütze auf.

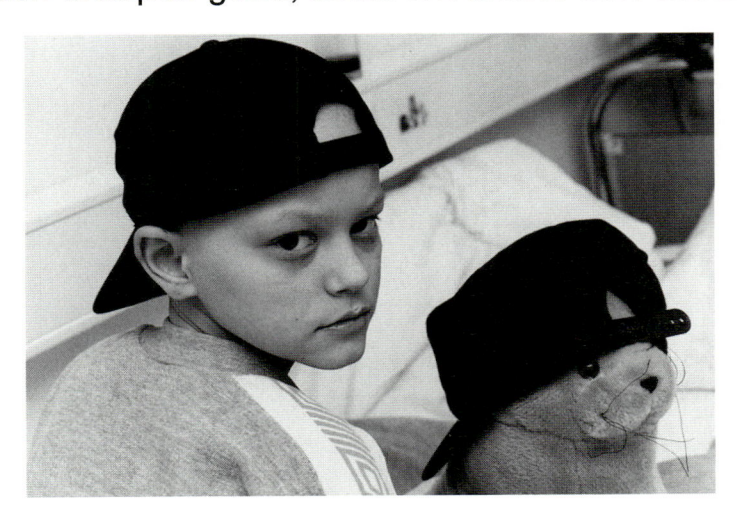

In der Klinik bekam ich keinen Unterricht, weil ich meistens geschlafen habe, aber ich bekomme Hausunterricht, den ich sehr gut finde. Den Kontakt zu meinen Freundinnen habe ich nicht verloren. Sie besuchen mich immer wieder oder ich telefoniere mit ihnen. Jetzt bin ich zum letzten Mal auf der Station und ich freue mich, entlassen zu werden. Allerdings habe ich auch ein bisschen Angst, wiederkommen zu müssen.
Die Zuversicht, gesund zu werden, ist jedoch größer.
Nun, wo die stationäre Behandlung vorbei ist, kommt sie mir im Rückblick gar nicht so lange vor.

Elke Müller

1. Was erfährt Elke mit der Zeit über ihre Krankheit?
2. Wie fühlt sie sich dabei?

Was ich von dem allen hier halt

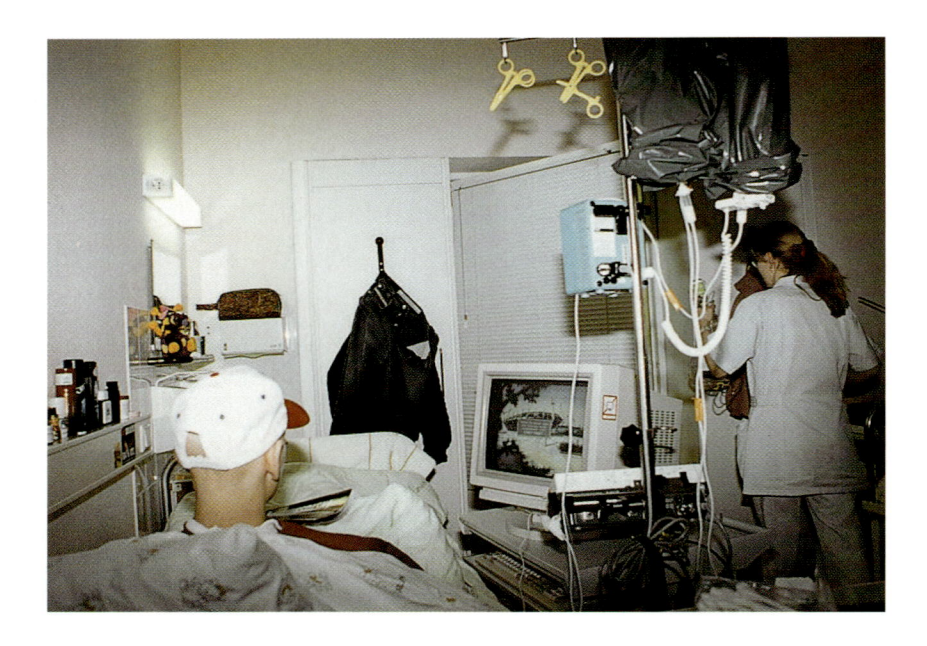

1. Ich lieg hier schon einige Wochen
2. hab schon ziemlich viel erlebt
3. mir ging es anfangs sehr schlecht
4. ich brauchte Sauerstoff
5. konnte ohne ihn nicht atmen
6. ich kriegte Infusionen
7. und hatte sehr wenig Appetit
8. mir war oft schwindlig und schwach zumute
9. kurz und gut: mir ging es schlecht
10. ich war erst vor 10 Tagen entlassen worden
11. nach vier Wochen langem Aufenthalt
12. und nun war ich wieder hier
13. kriegte schon wieder Infusionen
14. und alle die anderen Dinge
15. die unangenehm waren

Felix Dengg

1. Erkundige dich, was eine Infusion ist.
2. Was machen die Ärzte?

Mein Geburtstag auf Station F

Ich war ein halbes Jahr in der Kinderklinik auf Station F. In der Zeit hatte ich auch Geburtstag. „Schade", habe ich gedacht, „jetzt kann ich meinen Geburtstag nicht mal zu Hause feiern." Aber es kam ganz anders.

Als der 12. Juni hereinbrach, gratulierte zuerst die Nachtschwester kurz nach 0.00 Uhr. Morgens dann zum Frühstück (das ich natürlich ins Bett bekam) sind alle Schwestern und Schülerinnen in mein Zimmer gekommen, haben einen Kranz mit 15 Kerzen gebracht und „Happy Birthday" gesungen. Geschenke waren auch dabei.
Dann so gegen 10.00 Uhr war Visite. Nichts ahnend lag ich im Bett und machte mit Uta (Spielschwester) ein Spiel. Plötzlich ging die Tür auf und Michael Klemm (Lehrer) stürmt mit seiner Gitarre ans Bett und begann zu singen.
Die ganze Visite, samt Oberarzt Dr. Ranke, sangen ein Lied. Dieses Lied hatte Gerlinde (Oberspielschwester) auf die Melodie „Ein Mann, der sich Kolumbus nannte" umgedichtet.
Dr. Stier und Dr. Ranke waren die besten und lautesten Sänger. Die Schwestern und Schülerinnen bildeten den Chor.
Das war eine sehr schöne und ungewöhnliche Geburtstagsüberraschung.
Danach kam meine Mutter mit einem großen Kuchen, den wir am Nachmittag verspeisten. Die Spielschwestern stellten im Gang alle Tische zusammen, sodass es eine große Festtafel gab. Dann setzten wir uns alle drumherum und sangen nochmals das umgedichtete Lied, begleitet von Johannes, der Saxophon spielen kann.
Danach aßen wir alle den ganzen Kuchen. So einen schönen Geburtstag hätte ich mir in der Kinderklinik nicht vorgestellt.

Gerd Huß

1. Worüber hat sich Gerd gefreut?

Als Oma jung war

Senioren erinnern sich und erzählen: „Als wir noch zur Schule gingen ..."

Zu Fuß zur Schule

1 Wie war es früher – während
2 des Krieges, nach dem Krieg –
3 in der Schule? Noch gibt es
4 Leute, die uns über ihre
5 Schulzeit berichten können.
6 Zu diesem Thema befragten
7 wir Frau Müller – heute 70-jährig.

8 *Frau Müller, erzählen Sie von Ihrer*
9 *Kindheit und Schulzeit.*

10 **Frau Müller:** Ich bin 1926 in Berlin
11 geboren und mit sechs Jahren in die
12 Dorfschule in Ost-Pommern gegan-
13 gen. Bis zum 10. Lebensjahr ging ich
14 in die Volksschule und dann zur Mit-
15 telschule in einer Kleinstadt.

16 *Glauben Sie, dass es zwischen*
17 *damals und heute Unterschiede auf*
18 *dem Schulweg gab?*

19 **Frau Müller:** Ja, ich musste fünf
20 Kilometer bis zur Volksschule zu Fuß
21 laufen. Ab meinem zehnten Lebens-
22 jahr fuhr ich mit dem Zug zur Mittel-
23 schule. Dort mussten unsere Eltern
24 Schulgeld, Fahrgeld und die Schul-
25 bücher bezahlen.

26 *Die Klassen waren im Vergleich zu*
27 *heute viel größer. War das Lernen*
28 *überhaupt möglich?*

29 **Frau Müller:** In der Volksschule wur-
30 den drei Klassen in einem Raum
31 unterrichtet. Die Lehrerin hatte aber
32 alles im Griff. Ich musste öfter auf
33 die Kleineren
34 aufpassen, sodass die anderen
35 Kinder Diktate schreiben konnten.

36 *Waren die Lehrerinnen sehr streng*
37 *oder drückten sie auch einmal ein*
38 *Auge zu?*

39 **Frau Müller:** Während des Unter-
40 richts gab es keine Störungen, man
41 musste sich immer beteiligen. Die
42 Lehrer waren alle streng, sie woll-
43 ten uns viel beibringen. Sie drücken
44 aber hin und wieder auch einmal
45 ein Auge zu, am meisten bei Haus-
46 aufgaben, die nicht gemacht wor-
47 den sind. Es gab aber auch Straf-
48 arbeiten.

49 *Gibt es irgendein Erlebnis aus*
50 *Ihrer Schulzeit, das Sie bis heute*
51 *nicht vergessen haben?*

52 **Frau Müller:** Ich war 16 Jahre alt
53 und habe dem Lehrer eine freche
54 Antwort gegeben. Dafür habe ich
55 eine deftige Ohrfeige bekommen,
56 die ich bis heute nicht vergessen
57 habe.

1. Vergleiche die Schulzeit von Frau Müller mit deiner. Was hat sich verändert?

Der Neuanfang von 1946 – aus großer Not

Die wirtschaftliche Not der Bevölkerung nach dem Krieg war groß. Lebensmittel und Heizmaterial gab es nur in geringen Mengen gegen Bezugsschein. Für den Kauf von Waren über das, was einem zustand, hinaus musste man Schwarzmarktpreise zahlen. Wer das nicht konnte, musste hungern oder frieren.

Die lang anhaltende Knappheit der Lebensmittel und Brennstoffe hat damals viele Menschen dazu gebracht, nachts von den Feldern der Bauern Kartoffeln und Gemüse und von den Zügen auf den Bahnhöfen Kohle zu „organisieren".

Ich werde auch nicht vergessen, dass ich mit meinem Bruder bei einem Bauern sechs Zentner Kartoffeln abholen durfte. Für den Transport stand uns die Ziehkarre eines Handwerksmeisters zur Verfügung.

Ein besonderes Problem war auch die Besohlung der Schuhe. Hierfür gab es nur Material aus Autoreifen.

Für Haushalte gab es als Brennmaterial nur so genannten Kohleschlamm. Es war nicht einfach, daraus ein Feuer zu machen. Zu meinem Erstaunen wurden die großen Wurzeln abgesägter Bäume ausgegraben, um an besseres Brennmaterial zu kommen.

Konrad Redemacher

1. Was fehlte nach dem Krieg?
2. Wie wurde es beschafft?

Nach dem Krieg fehlten viele Nahrungsmittel. Als Ersatz wurde aus dem, was man hatte oder beschaffen konnte, ein ähnliches Gericht zubereitet. Hier findet ihr zwei dieser Ersatz-Rezepte für Brotaufstrich.

Falsche Leberwurst

Zutaten:

- 2 Zwiebeln,

- 50 Gramm Butter oder Margarine,

- 1 Würfel Hefe,

- $\frac{1}{4}$ Liter Milch,

- 50 Gramm Haferflocken,

- 1 Esslöffel Instant-Brühe,

- 1–2 Teelöffel getrockneter Majoran.

Zubereitung:

1. von zwei Zwiebeln
   - die Schale abziehen,
   - die Zwiebeln in Würfel schneiden und
   - die Zwiebelwürfel in Fett glasig dünsten.

2. 1 Würfel Hefe
   - zerbröckeln.

3. – $\frac{1}{4}$ Liter Milch,
   – 50 Gramm Haferflocken,
   – 1 Esslöffel Instant-Brühe,
   – 1–2 Teelöffel getrockneten Majoran
   - zur Hefe hinzufügen.

4. Die Masse
   - unter Rühren aufkochen und
   - bei mittlerer Hitze (etwa 175 Grad) zwei Minuten kochen.

5. Die heiße Masse
   - in Gläser füllen und
   - kalt werden lassen.

100 Gramm „falsche Leberwurst" haben ungefähr 195 Kalorien.
Die „falsche Leberwurst" hält sich im Kühlschrank etwa zwei Wochen.

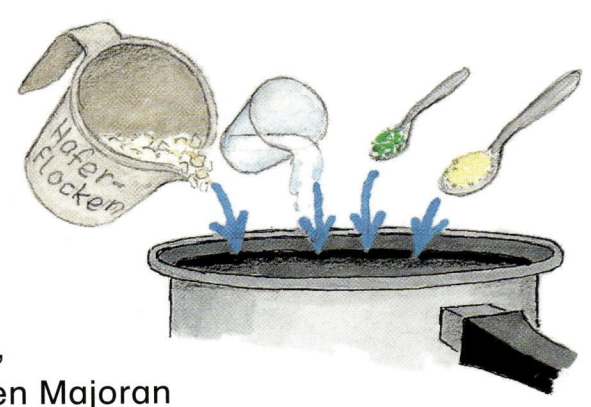

Falscher Kochkäse

Zutaten:

- 2 rohe Kartoffeln (etwa 200 Gramm),
- 3 gekochte Pellkartoffeln (etwa 300 Gramm),
- $\frac{1}{4}$ Liter Buttermilch,
- 20 Gramm Mehl,
- Salz,
- 1 Teelöffel Kümmel,
- 40 Gramm Butter oder Margarine.

Zubereitung:

1. Drei ungeschälte Kartoffeln (etwa 300 Gramm)
   ○ kochen.

2. Zwei rohe Kartoffeln (etwa 200 Gramm)
   ○ schälen.

3. Die gekochten Kartoffeln
  ○ pellen.

4. — die rohen und gekochten Kartoffeln,
  — $\frac{1}{4}$ Liter Buttermilch,
  — 20 Gramm Mehl
  ○ mit dem Schneidestab
    eines Handrührers pürieren.

5. — 1 Teelöffel Kümmel und
  — 40 Gramm Butter
  ○ zur Masse hinzufügen.

6. Die Masse
  ○ in einen Topf füllen,
  ○ umrühren und
  ○ aufkochen.

7. Den Topfinhalt
  ○ etwa 5 Minuten weiterkochen
    (bis die Masse glasig ist).

8. Salz
  ○ nach Geschmack hinzufügen und
  ○ mit der Masse verrühren.

9. Die Masse
  ○ in Gläser füllen und
  ○ kalt werden lassen.

Der „falsche Kochkäse" hält sich im Kühlschrank
etwa 3 Wochen. 100 Gramm Kochkäse haben ungefähr
85 Kalorien.

Vom Ende des Lebens

Alt werden

„Vater, wirst du einmal alt, so alt wie Großvater zum Beispiel?"
„Wenn ich am Leben bleibe, ja, vielleicht auch älter."

Wenn man alt wird, kann man weniger Dinge tun als ein junger Mensch: heben, tragen, rennen oder springen. Man wird steifer, man hat weniger Kraft, man hört und sieht schlechter, man schrumpft zusammen und wird tatsächlich kleiner. Wir sind dann abgenutzt, wie ein altes Auto, das viele Kilometer gefahren ist.

Manchmal sagt man von einem Menschen: Der sieht aber noch gut aus für sein Alter, der ist noch sehr rüstig! Wenn du deiner Urgroßmutter, meiner Großmutter, die bald 90 Jahre alt ist, etwas erzählst, wirst du oft ungeduldig, weil sie so langsam versteht und vieles schnell vergisst. Den Tieren geht es nicht anders. Weißt du noch, wie schusselig der Dackel Waldi geworden ist, als er alt wurde, und wie er sein Hinterteil nicht mehr heben konnte?

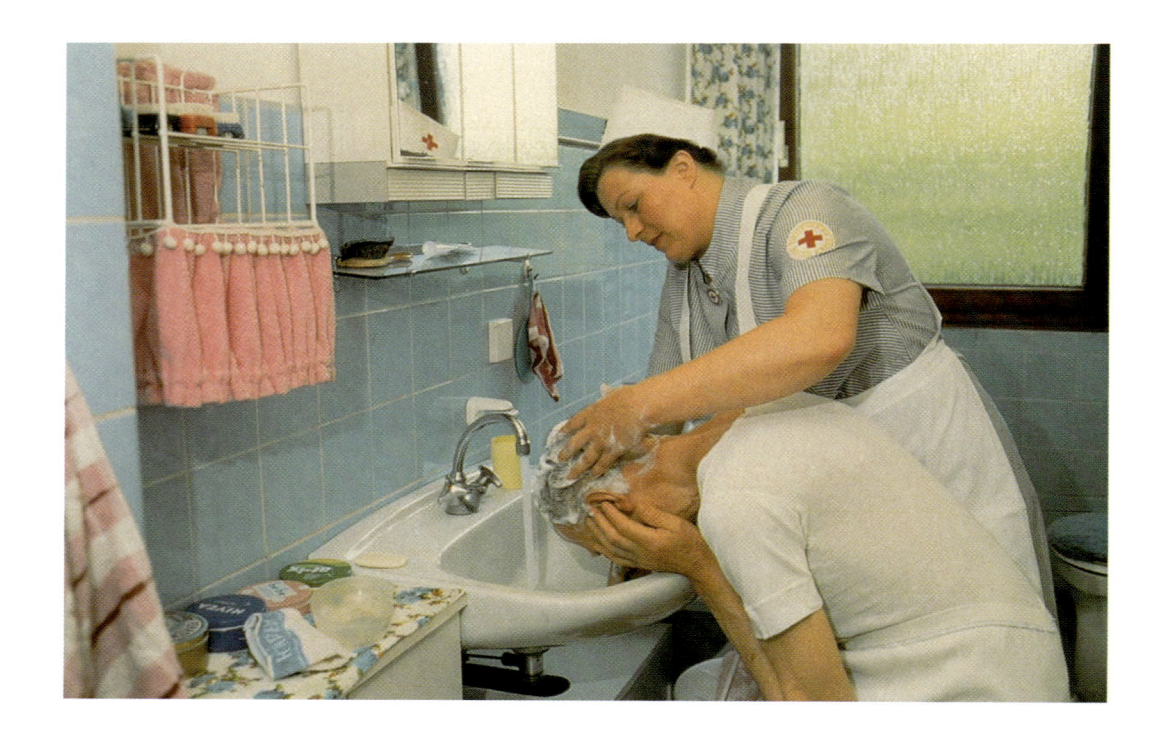

17 Ein Mensch wird in der Regel siebzig bis achtzig Jahre alt.
18 Aber nicht nur alte Menschen sterben. Krankheiten, schlechte
19 Ernährung, Hungersnöte, verschmutzte Luft, das Rauchen,
20 wenig Erholung, Trunksucht und andere Süchte schädigen die
21 Gesundheit, verursachen Unfälle und lassen Menschen früher
22 sterben, als sie es ohnehin müssten.

nach Antoinette Becker

1. Was ändert sich, wenn man alt wird?
2. Geht es deinen Großeltern ähnlich?

Großvater liegt im Sterben

Sebastian wollte es zwar nicht zugeben, aber jetzt, als es so weit war und er endlich seine Mutter begleiten durfte, hatte er doch Angst und wünschte sich, dass irgendetwas dazwischen käme. Es kam nichts dazwischen. Die Mutter zog ihren Mantel an, sagte zu Sebastian, er solle sich noch mal überkämmen und dann fuhren sie los.

„Wie sieht Großvater jetzt aus?", fragte Sebastian unterwegs.
„Alt und elend", sagte die Mutter. „Aber er hat noch immer seine guten Augen und ist noch immer so freundlich, wie er sein Leben lang war. Alle mögen ihn. Auch dort."
„Kann er richtig sprechen?"
„Eigentlich ja", sagte die Mutter, „manchmal klingt es etwas wirr oder er spricht zu leise. Aber manchmal kann man sich auch noch ganz richtig mit ihm unterhalten."
„Wird er sich freuen, wenn er mich sieht?"
Sebastian merkte, dass seine Mutter zögerte. „O ja, ich glaube schon. Wenn er dich erkennt."
Seine Mutter sieht traurig aus.
„Erkennt er dich manchmal nicht?"
„Doch. Mich immer. Aber manchmal weiß er nicht mehr, wer die anderen sind. Die Pfleger. Oder die Leute, die ihn besuchen. Manchmal kommen Leute, um ihn zu besuchen. Es wäre besser, sie kämen nicht mehr."
„Außer uns."
„Ja", sagte die Mutter,
„außer uns."

Als sie in das große weiße Haus gingen, wäre Sebastian am liebsten wieder umgekehrt. Aber seine Mutter fasste ihn energisch an der Hand und zog ihn mit in die Eingangshalle. Endlich standen sie vor Großvaters Bett und Sebastian hätte am liebsten losgeheult vor Erleichterung: Großvater sah noch fast genauso aus wie damals, als er noch bei ihnen wohnte.

„Das ist Sebastian, Vater", sagte die Mutter. „Du wolltest ihn doch so gerne mal sehen, nicht wahr?"

„Sebastian", sagte der Großvater ganz langsam, „Sebastian." Dann drehte er seinen Kopf zur Seite und schien nachzudenken.

Die Mutter legte ihren Arm um Sebastians Schulter und flüsterte: „Siehst du, ich glaube er hat dich erkannt." Sebastian schluckte.

Da drehte der Großvater seinen Kopf wieder zu ihm um und sagte: „Das ist aber schön, dass du mich besuchen kommst, Sebastian."

„Ja", sagte Sebastian und setzte sich auf den Stuhl, den seine Mutter ans Bett geschoben hatte. „Ja."

„Vater", sagte Mutter jetzt, „ich gehe schnell zur Pforte. Ich muss noch etwas erledigen. Sebastian wird dir solange Gesellschaft leisten."

„Ach, bitte", sagte Sebastian. Er sagte den Satz nicht zu Ende. „Bleib doch hier", hätte er gerne noch hinzugefügt, aber seine Mutter war schon fortgegangen.

Jetzt war Sebastian mit dem Großvater allein. Das heißt, es waren noch drei andere alte Männer im Saal, die aber alle friedlich in ihren Betten schliefen. Was soll ich jetzt sagen? dachte Sebastian.

Roswitha Frölich

1. Was wird er sagen?
2. Wie fühlt er sich?

Sie haben mir nichts gesagt

Tommy konnte nicht einschlafen.
Er hörte die Eltern im Wohnzimmer zusammen sprechen.
Er hörte auch die Stimme von Onkel Paul. Plötzlich hörte er
jemanden weinen. ‚War denn Moritz noch nicht zu Hause?'
Tommy liebt diesen Vetter sehr.
Moritz hat ein ganz tolles Mofa. Tommy träumt davon. Manchmal darf er es mit Moritz putzen. Heute ist Moritz im Segelkurs und kommt später nach Hause.
Am nächsten Morgen hat Mama rote Augen. „Warum weinst du?", fragt Tommy beim Frühstück. „Ich hab Schnupfen", antwortet sie und schneuzt sich. Aber Tommy hat das Gefühl, dass es nicht stimmt. „Du, Tommy", sagt Mama, „ich bringe dich heute schon zu Oma Riekchen." Tommy geht immer zu ihr während der Pfingstferien.
„Aber, ich geh doch heute zu Susanne zum Geburtstag!"
„Ich weiß, Tommy, aber es passt uns heute besser. Wir wollen tapezieren; da hast du es schöner bei Oma Riekchen." Tommy ist unglücklich. Schweigend packt er sein rotes Köfferchen.

Die Ferien waren schön.
Als ihn die Eltern abholen, tut es ihm leid fortzugehen. Zu Hause beim Auspacken sagt Tommy plötzlich: „Wo ist denn Moritz; ich geh nachher mal zu ihm rüber."
Mama schaut Vater an, dann sagt sie: „Weißt du, Moritz ist fort."
„Fort? Warum hat er mir denn nichts gesagt?"
Tommy ist enttäuscht. „Wohin ist er gefahren? ..."
Mama fällt ihm ins Wort: „Weißt du, Tante Marlene ist sehr traurig, dass Moritz fort ist. Komm, iss jetzt."
Tommy hat Tante Marlene im Garten gesehen. Er rennt zu ihr und sie nimmt ihn in die Arme. ‚Warum weint sie denn?', denkt Tommy. „Wo ist Moritz, Tante Marlene?"
„Weit weg, Tommy." Mehr sagt sie nicht. Tommy traut sich nicht weiterzufragen.

,Was haben sie denn alle?' „Ich geh wieder rüber."

Stattdessen geht er heimlich in den Schuppen. Da steht das Mofa von Moritz. Das Vorderrad ist ganz zusammengedrückt und die Lenkstange ist nach oben gebogen. ,Wer hat denn das gemacht?' Er geht auf die Straße.

„Ah! der Tommy, da ist er ja wieder! Wo warst du denn so lange?" „Ich war bei Oma Riekchen."

„Warum bist du denn nicht bei der Beerdigung gewesen?"

„Wer ist denn gestorben?", fragt Tommy und weiß mit einem Mal, was Susanne antworten wird.

Susanne schaut ihn so merkwürdig an: „Weißt du wirklich nicht, dass der Moritz gestorben ist? Der ist doch überfahren worden."

Beim Abendbrot will Tommy nichts essen.

„Ich glaub dir nie mehr was", schreit er, „nie mehr, nie mehr, auch dem Vater nicht."

Tommy steht auf und geht in sein Zimmer. Er holt Moritz' Pfadfindermesser heraus und setzt sich auf sein Bett. ,Moritz ist tot, Moritz wurde totgefahren.' Mama kommt ins Zimmer: „Hör zu ..."

„Wo ist er jetzt?", sagt Tommy streng. „Sag, wo ist Moritz jetzt?"

Mama zögert: „Auf dem Friedhof. Moritz ist verunglückt, wir wollten dich nicht traurig machen und wollten die Beerdigung vorbeigehen lassen ..."

„Ich will aber traurig sein", schreit Tommy. Mama weint, aber Tommy beachtet sie nicht.

Er läuft zum Schuppen, wo das Mofa steht. Der Schlüssel liegt auf dem Balken. Da steht es. Tommy setzt sich auf den Boden und lehnt seinen Kopf an das kaputte Rad: „Sie haben mich fortgeschickt, sie haben mir nichts gesagt, sie haben mir nichts gesagt. Sie haben mir ..." und Tommy weint.

nach Antoinette Becker

1. Warum haben die Eltern Tommy nichts gesagt?
2. Wäre es dir lieber, wenn deine Eltern dir gleich die Wahrheit sagen würden?

Der Opa ist tot

1 Den Opa gibt es nur mehr auf den Fotos
2 im Album. Eines zeigt ihn, wie er winkt.
3 Auf einem trägt er weite, bunte Hosen.
4 Auf einem sieht man, wie er trinkt.

5 Den Opa gibt es nur mehr in den Briefen,
6 in denen er vom tiefen Husten spricht,
7 auf Karten mit dem Himmel über Kreta
8 und hintendrauf ein Scherzgedicht.

9 Der Opa kommt nie mehr. Sein lautes Lachen,
10 sein Händedruck und der Geruch nach Bier,
11 sein Spruch, dass Menschen sich vor nichts und
12 niemand fürchten sollen, das bleibt hier.

Gerald Jatzek

1. Was erinnert an den Opa?

Gedichte erzählen Geschichten

Ich weiß nicht, was soll es bedeuten

1 Ich weiß nicht, was soll es bedeuten,
2 Dass ich so traurig bin;
3 Ein Märchen aus alten Zeiten,
4 Das kommt mir nicht aus dem Sinn.

5 Die Luft ist kühl und es dunkelt,
6 Und ruhig fließt der Rhein;
7 Der Gipfel des Berges funkelt
8 Im Abendsonnenschein.

9 Die schönste Jungfrau sitzet
10 Dort oben wunderbar;
11 Ihr goldnes Geschmeide blitzet,
12 Sie kämmt ihr goldenes Haar.

13 Sie kämmt es mit goldenem Kamme
14 Und singt ein Lied dabei;
15 Das hat eine wundersame,
16 Gewaltige Melodei.

17 Den Schiffer im kleinen Schiffe
18 Ergreift es mit wildem Weh;
19 Er schaut nicht die Felsenriffe,
20 Er schaut nur hinauf in die Höh.

21 Ich glaube, die Wellen verschlingen
22 Am Ende Schiffer und Kahn;
23 Und das hat mit ihrem Singen
24 Die Lore-Lei getan.

Heinrich Heine

1. Weshalb verunglücken die Schiffer?

Nis Randers

1. Krachen und Heulen und berstende Nacht,
2. Dunkel und Flammen in rasender Jagd –
3. Ein Schrei durch die Brandung!

4. Und brennt der Himmel, so sieht man's gut:
5. Ein Wrack auf der Sandbank! Noch wiegt es die Flut;
6. Gleich holt sich's der Abgrund.

7. Nis Randers lugt – und ohne Hast
8. Spricht er: „Da hängt noch ein Mann im Mast;
9. Wir müssen ihn holen."

10. Da fasst ihn die Mutter: „Du steigst mir nicht ein!
11. Dich will ich behalten, du bleibst mir allein,
12. Ich will's, deine Mutter!

13 Dein Vater ging unter und Momme, mein Sohn;
14 Drei Jahre verschollen ist Uwe schon,
15 Mein Uwe, mein Uwe!"

16 Nis tritt auf die Brücke. Die Mutter ihm nach!
17 Er weist nach dem Wrack und spricht gemach:
18 „Und seine Mutter?"

19 Nun springt er ins Boot und mit ihm noch sechs:
20 Hohes, hartes Friesengewächs;
21 Schon sausen die Ruder.

22 Boot oben, Boot unten, ein Höllentanz!
23 Nun muss es zerschmettern …! Nein: Es blieb ganz! …
24 Wie lange? Wie lange?

25 Drei Wetter zusammen! Nun brennt die Welt!
26 Was da? – Ein Boot, das landwärts hält –
27 Sie sind es! Sie kommen! –

28 Und Auge und Ohr ins Dunkel gespannt …
29 Still – ruft da nicht einer? – Er schreit's durch die Hand:
30 „Sagt Mutter, 's ist Uwe!"

Otto Ernst

1. Erzähle die Geschichte.
2. Warum will die Mutter nicht, dass ihr Sohn den Schiffbrüchigen zu retten versucht?

Die Heinzelmännchen

1. Wie war zu Köln es doch vordem
2. Mit Heinzelmännchen so bequem!
3. Denn war man faul ... man legte sich
4. Hin auf die Bank und pflegte sich:
5. Da kamen bei Nacht
6. Ehe man's gedacht,
7. Die Männlein und schwärmten
8. Und klappten und lärmten
9. Und rupften
10. Und zupften
11. Und hüpften und trabten
12. Und putzten und schabten ...
13. Und eh' ein Faulpelz noch erwacht ...
14. War all sein Tagewerk bereits gemacht!

15. Beim Bäckermeister war nicht Not,
16. Die Heinzelmännchen backten Brot.
17. Die faulen Burschen legten sich,
18. Die Heinzelmännchen regten sich –
19. Und ächzten daher
20. Mit den Säcken schwer!
21. Und kneteten tüchtig
22. Und wogen es richtig
23. Und hoben
24. Und schoben
25. Und fegten und backten
26. Und klopften und hackten.
27. Die Burschen schnarchten noch im Chor:
28. Da rückte schon das Brot, das neue, vor!

29. Einst hatt' ein Schneider große Pein:
30. Der Staatsrock sollte fertig sein;
31. Warf hin das Zeug und legte sich
32. Hin auf das Ohr und pflegte sich.
33. Da schlüpften sie frisch
34. In den Schneidertisch;
35. Und schnitten und rückten
36. Und nähten und stickten

37 Und fassten
38 Und passten
39 Und strichen und guckten
40 Und zupften und ruckten,
41 Und eh' mein Schneiderlein erwacht:
42 War Bürgermeisters Rock ... bereits gemacht!

43 Neugierig war des Schneiders Weib
44 Und macht sich diesen Zeitvertreib:
45 Streut Erbsen hin die andre Nacht,
46 Die Heinzelmännchen kommen sacht;
47 Eins fähret nun aus,
48 Schlägt hin im Haus,
49 Die gleiten von Stufen
50 Und plumpen in Kufen,
51 Die fallen
52 Mit Schallen,
53 Die lärmen und schreien
54 Und vermaledeien!
55 Sie springt hinunter auf den Schall
56 Mit Licht: husch, husch, husch, husch!
57 – verschwinden all'!

58 O weh! nun sind sie alle fort,
59 Und keines ist mehr hier am Ort!
60 Man kann nicht mehr wie sonsten ruhn,
61 Man muss nun alles selber tun!
62 Ein jeder muss fein
63 Selbst fleißig sein
64 Und kratzen und schaben
65 Und rennen und traben
66 Und schniegeln
67 Und biegeln
68 Und klopfen und hacken
69 Und kochen und backen.
70 Ach, dass es noch wie damals wär'!
71 Doch kommt die schöne Zeit nicht wieder her.

August Kopisch

1. Was hat die Heinzelmännchen vertrieben?
2. Was könnten die Heinzelmännchen für dich tun?

99

Herr von Ribbeck auf Ribbeck im Havelland

1. Herr von Ribbeck auf Ribbeck im Havelland,
2. ein Birnbaum in seinem Garten stand,
3. Und kam die goldene Herbsteszeit
4. Und die Birnen leuchteten weit und breit,
5. Da stopfte, wenn's Mittag vom Turme scholl,
6. Der von Ribbeck sich beide Taschen voll,
7. Und kam in Pantinen ein Junge daher,
8. So rief er: „Junge, wiste 'ne Beer?"
9. Und kam ein Mädel, so rief er: „Lütt Dirn,
10. Kumm man röwer, ick hebb 'ne Birn."

11. So ging es viel Jahre, bis lobesam
12. Der von Ribbeck auf Ribbeck zu sterben kam.
13. Er fühlte sein Ende. 's war Herbsteszeit,
14. Wieder lachten die Birnen weit und breit;
15. Da sagte von Ribbeck: „Ich scheide nun ab.
16. Legt mir eine Birne mit ins Grab."
17. Und drei Tage drauf, aus dem Doppeldachhaus,
18. Trugen von Ribbeck sie hinaus,
19. Alle Bauern und Bündner mit Feiergesicht
20. Sangen „Jesus meine Zuversicht",
21. Und die Kinder klagten, das Herze schwer:
22. „He is dod nu. Wer giwt uns nu 'ne Beer?"

23. So klagten die Kinder. Das war nicht recht,
24. Ach, sie kannten den alten Ribbeck schlecht;
25. Der neue freilich, der knausert und spart,
26. Hält Park und Birnbaum strenge verwahrt.

27 Aber der alte, vorahnend schon
28 Und voll Misstraun gegen den eigenen Sohn,
29 Der wusste genau, was damals er tat,
30 Als um eine Birn' ins Grab er bat,
31 Und im dritten Jahr aus dem stillen Haus
32 Ein Birnbaumsprössling sprosst heraus.

33 Und die Jahre gehen wohl auf und ab,
34 Längst wölbt sich ein Birnbaum über dem Grab,
35 Und in der goldenen Herbsteszeit
36 Leuchtet's wieder weit und breit.
37 Und kommt ein Jung übern Kirchhof her,
38 So flüstert's im Baume: „Wiste 'ne Beer?"
39 Und kommt ein Mädel, so flüstert's: „Lütt Dirn,
40 Kumm man röwer, ick gew die 'ne Birn."

41 So spendet Segen noch immer die Hand
42 Des von Ribbeck auf Ribbeck im Havelland.

Theodor Fontane

An dieser Stelle stand einst der durch das Gedicht T. Fontane's berühmt gewordene, segenspendende Birnbaum. Am 20. Nov. 1911 brach ein Orkan den alt gewordenen Baum ab. An seiner Statt steht nun dieser Birnbaum.

Dieses Schild befindet sich an der Kirchenmauer in Ribbeck.

1. Weshalb hat sich der Herr von Ribbeck eine Birne ins Grab legen lassen?

Verzweiflung

1. Ein kleiner Junge lief durch die Straßen
2. und hielt eine Mark in der heißen Hand.
3. Es war schon spät und die Kaufleute maßen
4. mit Seitenblicken die Uhr an der Wand.

5. Er hatte es eilig. Er hüpfte und summte:
6. „Ein halbes Brot. Und ein Viertelpfund Speck."
7. Das klang wie ein Lied. Bis es plötzlich verstummte.
8. Er tat die Hand auf. Das Geld war weg.

9. Da blieb er stehen und stand im Dunkeln.
10. In den Ladenfenstern erlosch das Licht.
11. Es sieht zwar gut aus, wenn die Sterne funkeln.
12. Doch zum Suchen von Geld reicht das Funkeln nicht.

13. Er öffnete immer wieder die Hände.
14. Und drehte sie langsam hin und her.
15. Dann war die Hoffnung endlich zu Ende.
16. Er öffnete seine Fäuste nicht mehr ...

17 Der Vater wollte zu essen haben.
18 Die Mutter hatte ein müdes Gesicht.
19 Sie saßen und warteten auf den Knaben.
20 Der stand im Hof. Sie wussten es nicht.

21 Der Mutter wurde allmählich bange.
22 Sie ging ihn suchen. Bis sie ihn fand.
23 Er lehnte still an der Teppichstange
24 und kehrte das kleine Gesicht zur Wand.

25 Sie fragte erschrocken, wo er denn bliebe.
26 Da brach er in lautes Weinen aus.
27 Sein Schmerz war größer als ihre Liebe.
28 Und beide traten traurig ins Haus.

Erich Kästner

Diese Geschichte spielt zu einer Zeit, als eine Mark sehr viel wert war. Heute entspricht eine Mark etwa 0,50 €.
1. Was sollte der Junge für die Mark kaufen?
2. Warum ist er so verzweifelt?

Fabeln und Sagen

Der Fuchs und der Storch

1. Eines Tages lud der Fuchs den Storch zum Essen ein.
2. Der Fuchs setzte ihm eine feine Suppe in einem flachen Teller
3. vor.
4. Wie es der Storch mit seinem langen Schnabel auch anstellte –
5. aus dem flachen Teller konnte er von der Suppe nichts essen.
6. Darauf lud der Storch den Fuchs ein.
7. Er tischte ihm ein Essen auf, das köstlich duftete. Die besten
8. Happen setzte der Storch dem Fuchs vor – in einem schmalen
9. hohen Krug.
10. Wie sich der Fuchs auch mühte, er konnte nicht einmal seine
11. Nasenspitze in den Krug hineinstecken.
12. „Wie du siehst, habe ich bei dir gelernt!", sagte der Storch zum
13. Fuchs und aß alles auf, bis auf den letzten Bissen.

nach Aesop

1. Warum kann der Storch die Suppe nicht fressen?
2. Warum kann der Fuchs die Happen nicht fressen?
3. Erkläre das Sprichwort: Was du nicht willst, was man dir tu, das füg' auch keinem andern zu.

Der Fuchs und der Rabe

1 Ein Rabe hatte ein Stück Fleisch gestohlen und flog damit auf
2 einen hohen Ast.
3 Das sah ein Fuchs. Er blinzelte hinauf zu dem Raben, der das
4 rote Fleisch im Schnabel hielt.
5 Der Fuchs setzte sich unter den Baum und schmeichelte: „Mein
6 lieber Rabe, wie schön du bist! Deine Federn sind samtschwarz
7 wie die Nacht! Und was für einen Schwanz du hast! Wie eine
8 Blume am Himmel. Und erst deine Schwingen: Wer behauptet,
9 der Adler hat die schönsten, hat deine nicht gesehen! Und wie
10 du fliegst – du bist ein Künstler im Flug, mein lieber Rabe! Du
11 könntest der König der Vögel sein ... mehr noch: aller Tiere ...
12 wenn dir nur eins nicht fehlen würde ..." Und der Fuchs schwieg.
13 Der Rabe mit dem Fleisch im Schnabel blickte ungeduldig auf
14 den schweigenden Fuchs hinunter.
15 Jetzt seufzte der Fuchs laut auf und sagte endlich:
16 „Wenn du nur eine Stimme hättest, mein Lieber!"
17 Der Rabe hüpfte unruhig auf seinem Ast hin und her.
18 Unten im Gras saß der Fuchs ganz ruhig. Nur sein buschiger
19 Schwanz zuckte. Endlich öffnete der Rabe seinen Schnabel und
20 krächzte: „Krak! Krak! Krak! Wer behauptet, ich hätte keine
21 Stimme? Hörst du mich nicht: Krak! Krak! Krak!"
22 Da fiel das Fleisch aus dem Schnabel des Raben und der Fuchs
23 schnappte es.
24 „Du hast zwar eine Stimme, mein lieber Rabe! Aber ein König
25 der Tiere braucht auch Verstand!", rief er dem krächzenden
26 Raben zu und lief weg.

nach Aesop

1. Wie hat der Fuchs den Raben überlistet?
2. Hast du Mitleid mit dem Raben?

Die beiden Ziegen

1 Zwei Ziegen begegneten einander auf einem schmalen Stege,
2 der über einen reißenden tiefen Fluss führte; die eine wollte
3 hinüber, die andere herüber.
4 „Geh mir aus dem Wege!", sagte die eine. „Das könnte dir pas-
5 sen!", rief die andere. „Geh du zurück und lass mich hinüber;
6 ich war zuerst auf der Brücke!"
7 „Was fällt dir ein?", versetzte die erste. „Ich bin so viel älter als
8 du und sollte dir weichen? Nimmermehr!"
9 Keine wollte nachgeben; jede wollte zuerst hinüber und so kam
10 es vom Zank zum Streit.
11 Sie hielten ihre Hörner vorwärts und rannten zornig gegeneinan-
12 der. Von dem heftigen Stoßen verloren beide das Gleichgewicht
13 und sie stürzten miteinander von dem schmalen Steg hinab
14 in den reißenden Waldstrom, aus dem sie sich nur mit großer
15 Anstrengung ans Land retteten.

nach Aesop

1. Wodurch ist der Streit entstanden?
2. Hat es sich für die Ziegen gelohnt, sich deswegen zu streiten?

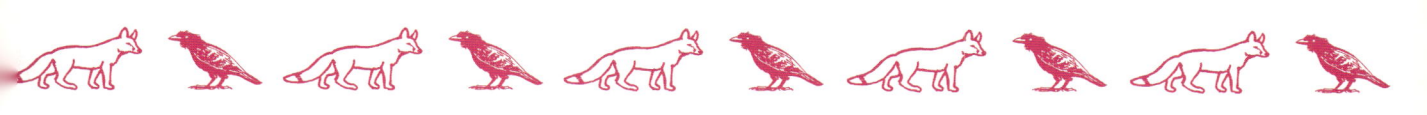

Seltsamer Spazierritt

Ein Mann ritt auf seinem Esel nach Haus und ließ seinen Buben zu Fuß nebenherlaufen. Kam ein Wanderer und sagte: „Das ist nicht recht, Vater, dass Ihr reitet und lasst Euren Sohn laufen; Ihr habt stärkere Glieder." Da stieg der Vater vom Esel herab und ließ den Sohn reiten. Kam wieder ein Wandersmann und sagte: „Das ist nicht recht, Bursche, dass du reitest und lässest deinen Vater zu Fuß gehen. Du hast jüngere Beine." Da saßen beide auf und ritten eine Strecke. Kam ein dritter Wandersmann und sagte: „Was ist das für ein Unverstand, zwei Kerle auf einem schwachen Tiere? Sollte man nicht einen Stock nehmen und euch beide hinabjagen? Da stiegen beide ab und gingen zu Fuß, rechts und links der Vater und Sohn und in der Mitte der Esel. Kam ein vierter Wandersmann und sagte: „Ihr seid drei kuriose Gesellen. Ist's nicht genug, wenn zwei zu Fuß gehen? Geht's nicht leichter, wenn einer von euch reitet?" Da band der Vater dem Esel die vorderen Beine zusammen, und der Sohn band ihm die hinteren Beine zusammen, zogen einen starken Baumpfahl durch, der an der Straße stand, und trugen den Esel auf der Achsel heim. So weit kann's kommen, wenn man es allen Leuten will recht machen.

Johann Peter Hebel

1. Erzählt die Geschichte nach.
   Wer reitet als erstes, wer dann, wer danach?
2. Was haltet ihr von Vater und Sohn?
3. Welches Verhalten von Vater und Sohn ist falsch?
4. Spielt die Geschichte. (Als Esel nehmt ihr einen Stuhl.)

Wie Till Eulenspiegel einem Esel das Lesen beibrachte

Erzähler: Heute wollen wir euch Till Eulenspiegel vorstellen. Von seinen lustigen Streichen habt ihr sicher schon gehört. Einen möchten wir euch erzählen: Wie Till Eulenspiegel einem Esel das Lesen beibrachte.

Professor: Verehrter Till Eulenspiegel! Auf allen Plakaten steht, dass Sie sehr klug sind. Und zwar so klug, dass Sie sogar Tieren das Lesen beibringen können. Um Sie zu testen, haben wir deshalb einen Esel als Versuchstier ausgesucht. Trauen Sie es sich zu, diesem Tier das Lesen beizubringen?

Eulenspiegel: Natürlich kann ich diesem Esel Lesen beibringen. Es wird nur etwas dauern. Esel sind nämlich sehr dumm und lernen deshalb nicht so schnell.

Professor: Wie viel Zeit benötigen Sie denn?

Eulenspiegel: Ich glaube, es wird ganz schön lange dauern. Ungefähr 20 Jahre. Aber wenn ich diese Prüfung überhaupt mitmache, dann will ich dabei auch etwas verdienen. 500 Goldtaler kostet Sie der Versuch insgesamt. Als Anzahlung verlange ich aber sofort 20 Goldtaler, für jedes Jahr einen Goldtaler.

Professor: Obwohl das viel Geld ist, sind wir einverstanden.

Erzähler: Eulenspiegel war sehr zufrieden mit sich. Er dachte sich nämlich Folgendes:

Eulenspiegel: 20 Jahre sind eine lange, lange Zeit. Wer weiß, was in diesen Jahren alles passiert? Vielleicht stirbt der Professor und dann bin ich frei. Vielleicht sterbe ich auch selbst und dann kann mich keiner mehr verklagen. Aber vielleicht stirbt auch der Esel. Das wäre natürlich das Beste, weil dann keiner mehr nachprüfen kann, was er schon gelernt hat, und die Sache erledigt sich somit von allein.

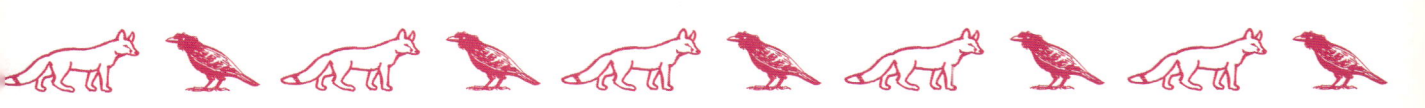

Erzähler: Eulenspiegel nahm deshalb den Esel beim Halfter und ging mit ihm nach Hause. Nach einer Woche ging Till wieder zum Professor und sagte ihm Folgendes:

Eulenspiegel: Lieber Herr Professor. Haben Sie nicht einmal Lust, meinen Esel im Unterricht zu besuchen?

Professor: Gern. Hat er denn überhaupt schon etwas gelernt?

Eulenspiegel: Noch nicht sehr viel. Aber ein paar Buchstaben kann er schon. Ich finde, nach nur einer Woche Unterricht ist das für einen Esel gar nicht so schlecht.

Erzähler: Der Professor war so neugierig, dass er schon am nächsten Nachmittag mit anderen Professoren und seinen Studenten wiederkam. Till Eulenspiegel führte sie in den Stall und legte ein Buch in die Krippe. Der Esel hatte aber großen Hunger, denn Eulenspiegel hatte ihm schon den ganzen Tag kein Futter mehr gegeben. Und weil das Tier so hungrig war, schrie es die ganze Zeit: „I-A, I-A!" Und nochmal: „I-A, I-A!" Till Eulenspiegel sagte darauf zu den Professoren:

Eulenspiegel: Sehen Sie, meine Herren. Nach nur einer Woche Unterricht kann dieser Esel schon zwei Buchstaben: das A und I. Ab morgen werde ich ihm die Buchstaben O und U beibringen.

Erzähler: Da ärgerten sich die Professoren über den schlauen Eulenspiegel, der sie überlistet hatte, und gingen wütend nach Hause. Eulenspiegel aber verließ die Stadt, so schnell er konnte.

1. Mit welchem Trick hat Eulenspiegel die Professoren hereingelegt?
2. Lest die Geschichte mit verteilten Rollen.

Der Rattenfänger von Hameln

Vor vielen Jahren herrschte in der Stadt Hameln eine schreckliche Plage. Überall tauchten Ratten auf. Da erschien in der Stadt ein Mann, der auffällig bunt gekleidet war. Er behauptete von sich: „Ich bin ein Rattenfänger. Wenn ihr mir genug Geld gebt, befreie ich die Stadt von allen Mäusen und Ratten."
Das hörten die Bürger von Hameln gerne und sie versprachen ihm viel Geld, wenn er die Mäuse und Ratten vertreiben würde.
Sofort zog er sein Pfeifchen heraus und pfiff. Da kamen aus allen Ritzen und Ecken Mäuse und Ratten hervorgekrochen. Diese sammelte der Rattenfänger um sich und zog mit ihnen aus der Stadt heraus in die Weser. Der ganze Haufen folgte ihm, stürzte ins Wasser und ertrank.
Als die Bürger von der Plage befreit waren, wollten sie den versprochenen Lohn nicht mehr bezahlen. Der Rattenfänger ging verärgert weg. Nach einer kurzen Zeit aber kam er als wunderschöner Jäger verkleidet in die Stadt zurück. Das war genau die Zeit, als die Bürger in der Kirche versammelt waren. Der Rattenfänger nahm wieder sein Pfeifchen heraus und pfiff darauf.

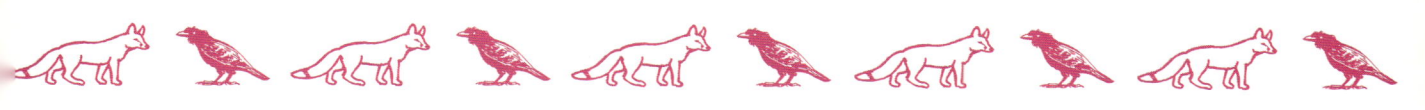

Dieses Mal aber kamen nicht Mäuse und Ratten, sondern alle Kinder der Stadt angelaufen. Diese führte er, auf seiner Pfeife spielend, aus der Stadt heraus in einen Berg. Hier verschwand er mit den Kindern. Es sollen 130 Kinder gewesen sein. Zwei von ihnen blieben allerdings zurück. Eines davon war blind, das andere stumm. So konnten beide nicht erzählen, wohin der Rattenfänger mit den anderen Kindern verschwunden war. Ein anderer Junge war umgekehrt, um sich einen Rock zu holen. So entging er dem Unglück. Es wird gesagt, die Kinder wären in eine Höhle geführt worden und seien in Siebenbürgen wieder herausgekommen.

nach den Gebrüdern Grimm

Von Mitte Mai bis Mitte September findet sonntags in Hameln eine Laienaufführung statt, in der die Sage in historischen Kostümen aufgeführt wird.

1. Warum rächt sich der Rattenfänger?
2. Wie tut er das?
3. Warum laufen die Kinder hinter ihm her?

Lese-Abenteuer

Allein in der Wildnis

Der zwölfjährige Brian hat wie durch ein Wunder einen Flugzeugabsturz überlebt. Die ersten Tage allein in der kanadischen Wildnis hat er ganz gut überstanden. Doch dann versetzt ihm in der Nacht ein Stachelschwein einen sehr schmerzhaften Schlag. In dieser Situation hat Brian das Gefühl, seine Lage nicht mehr ertragen zu können.

So schnell ändern sich die Dinge! dachte er. So schnell. Zufrieden war er eben eingeschlafen – und jetzt war alles anders. Mit Daumen und Zeigefinger packte er einen der Stacheln, hielt die Luft an – und zog ihn mit einem Ruck heraus. Der Schmerz flutete bis ins Gehirn. Trotzig packte Brian den nächsten Stachel, riss ihn heraus, und dann den nächsten. Als er vier Stacheln herausgezogen hatte, machte er eine Pause. Nachdem er den letzten herausgezogen hatte, blieb er zitternd im Dunkeln sitzen. Selbstmitleid überwältigte ihn und wie er dort saß, allein in der Dunkelheit und mit glühenden Schmerzen im Bein, während die ersten Moskitos heranschwirrten, fing er an zu weinen. Es war einfach zu viel. Er konnte es nicht mehr aushalten.

Ich halte es nicht mehr aus, so allein in der Dunkelheit, ohne Feuer. Das nächste Mal kann es noch schlimmer kommen. Es gibt nicht nur Stachelschweine im Wald, sondern auch Bären. Ich kann einfach nicht mehr. Er umklammerte seine Knie, legte den Kopf auf die Arme und ließ seinen Tränen freien Lauf.

Er wusste nicht, wie lange er geweint hatte. Später, wenn er an diese Tränen in einem dunklen Winkel unter der Felswand zurückdachte, war ihm, als hätte er damals die wichtigste Regel des Überlebens gelernt: dass man kein Selbstmitleid haben darf. Denn es nützt nicht. Nicht, dass es feige ist oder falsch. Nein, es nützt einfach nichts.

Einige Wochen später kommt ein Suchflugzeug. Als es abdreht, ohne ihn und sein Feuer gesehen zu haben, ist Brian noch verzweifelter. Er hält seine Lage jetzt für vollkommen hoffnungslos. Vorübergehend glaubt er, es sei alles vorbei.

Als es ihm bald darauf jedoch gelingt, Fische zu fangen, kann er sich zum ersten Mal seit seinem Absturz satt essen. An diesem Tag erwacht wieder die Hoffnung in ihm. Aber es ist eine neue Art Hoffnung.

Es war ein Festtag für ihn, dieser Tag, an dem er zum ersten Mal richtig satt wurde – ein Tag des jubelnden Lebens. An diesem Abend, als die Dunkelheit kam und Brian an seinem Feuer lag, sein Bauch gefüllt und auf der Zunge der Geschmack köstlicher Bratfische, spürte er neue Hoffnung in sich aufsteigen. Nicht mehr die Hoffnung auf Rettung von außen. Das war vorbei. Sondern Hoffnung und Zuversicht in sein eigenes Können. Hoffnung auf die Tatsache, dass er lernen und überleben und für sich selbst sorgen konnte.

Eine neue Hoffnung, dachte er an diesem Abend. Und es war eine neue, unbeirrbare Hoffnung.

Gary Paulsen

113

Sommersprung

*In dem Buch „Sommersprung"
von Eve Bunting geht es um
gefährliche Mutproben:
Immer wieder springen
Jugendliche vom Nagel,
einem fast 30 Meter hohen
Felsen. Elisa hat vor dem
Springen entsetzliche
Angst. Aber sie glaubt,
gemeinsam mit ihrem
Freund Scooter
springen zu müssen,
um ihm so ihre
Freundschaft zu
beweisen.*

Die Menge pfiff und johlte.
Scooter und Elisa standen Hand in Hand am Rand des Nagels.
Scooter winkte. Ich sah, dass Elisa mindestens einen Schritt
hinter ihm stand.

„Jetzt geht's los", sagte Mike grimmig ... Jemand aus der Menge
begann mit einem Schlachtruf: „Springen! Springen, macht
Nägel mit Köpfen!" Andere nahmen den Ruf auf.

Kein Laut war zu hören, als Scooter und Elisa über den Klippenrand geflogen kamen ...

Die beiden mussten ein paar Schritte zurückgegangen sein, vielleicht bis zu der vom Wind gebeutelten Warnungstafel. Dort hatten sie wahrscheinlich eine oder zwei Sekunden lang gestanden, hatten noch etwas zueinander gesagt. Scooter hatte Elisa bestimmt noch einmal ermahnt: „Denk dran, was ich dir gesagt habe, Baby. Tu genau das, was ich auch tue."

„Ich habe Angst, Scooter. Solche Angst."
„Vertrau mir, Baby. Es ist nichts dabei."

Dann mussten sie gerannt sein, so schnell sie konnten, Hand in Hand, und abgesprungen. Ihr Schwung hatte sie hinaus und über die Felsnase weg getragen.

Sie sahen so klein aus, als sie nach unten fielen. Elisas rotes Haar stand wie eine Fackel über ihrem Kopf.
Ein paar Möwen, die auf den Felsvorsprüngen ihre Nester hatten, flogen auf. Ihre Schreie vermischten sich mit dem Platschen, als Elisa und Scooter ins Wasser tauchten und verschwanden.

Ich wusste nicht mehr, wie lange es gedauert hatte von oben bis unten. Vier Sekunden? Fünf? Ich wusste nur, dass sie nicht auf den Felsen aufgeschlagen waren. Gott sei Dank, sie waren nicht auf die Felsen gestürzt! Wir standen alle auf, drängten uns an den Klippenrand und starrten ins Wasser. Vereinzelt wurde geklatscht, doch ein richtiger Applaus kam nicht zustande.
Wo waren sie bloß? Warum waren sie noch nicht wieder aufgetaucht?

Eve Bunting

Level 4 – Die Stadt der Kinder

Das Computerspiel „Die Stadt der Kinder" ist das Lieblingsspiel des dreizehnjährigen Ben. Durch einen Fehler im Programm verschwinden alle Erwachsenen: nicht nur im Spiel, sondern auch in der Wirklichkeit. Eine Woche lang erfahren Ben und seine Freunde, wie es ist, plötzlich ganz auf sich allein gestellt zu sein.

„Das ist schon komisch", sagte Jennifer. „Immer wieder habe ich mich über meine Eltern aufgeregt, auch wenn die eigentlich sehr nett waren. Trotzdem wollte ich möglichst wenig mit ihnen zu tun haben und allein gelassen werden. Und jetzt bin ich ganz auf mich gestellt und das ist auch irgendwie blöd."

„Und wie!", bestätigte Ben. „Erst jetzt merkt man, was die Erwachsenen alles für einen tun. Dass die ganze Stadt so funktioniert, wie sie funktioniert, ist schon wahnsinnig. Also, dass Strom da ist und Wasser und genügend Lebensmittel und so etwas alles. Bei uns bricht schon das Chaos aus, wenn wir nur Nudeln kochen."

Jennifer nickte bedächtig mit dem Kopf. „Ja, ständig für alles verantwortlich zu sein, macht einen ganz schön fertig. Du hättest gestern Miriam und mich sehen sollen, wie wir plötzlich an alles denken sollten, was wir zum Essen brauchen. Himmel, an was man da alles denken muss! Das war echt ätzend, kann ich dir sagen."

„Das glaube ich. Dazu hätte ich auch keine Lust gehabt. Ehrlich gesagt, ich wäre lieber heute als morgen wieder bei meiner Mutter. Auch wenn ich immer um sechs beim Abendbrot sein muss. Im Moment würde ich das liebend gerne machen, wenn ich mich dafür um nichts kümmern müsste", gab Ben zu.

„Uns fehlen eben doch noch ein paar Jahre, bis wir erwachsen sind", stellte Jennifer fest.

Andreas Schlüter

Jugendliche empfehlen Bücher

Kinder kämpfen für die Umwelt

Die Mutter von Anna kämpft mit aller Kraft für den Schutz der Umwelt. In Annas Stadt ist ein Spielplatz verseucht. Anna und ihre Freunde erreichen, dass der Boden dieses Spielplatzes ausgetauscht wird. Während der Arbeiten müssen die Kinder auf der Straße spielen; dabei wird ein Kind von einem Autofahrer angefahren und verletzt. Nach dem Unfall versuchen die Kinder, sich in der Stadt und im Rathaus Gehör zu verschaffen. Doch alles Reden nützt nicht. Deshalb entscheiden sie sich für eine Tat, die Aufsehen erregt.

Sven und Christian (7. Klasse)

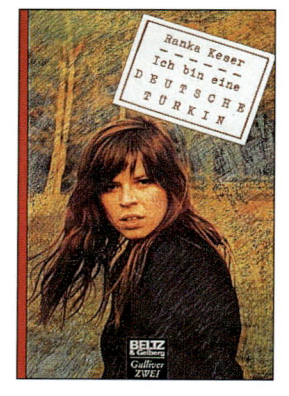

Zwischen zwei Welten

Das Buch handelt von dem türkischen Mädchen Fedra, das in Deutschland lebt. Fedra ist 15 Jahre alt und hat ihre Erlebnisse in einem Tagebuch aufgeschrieben. Sie ist in Deutschland geboren und aufgewachsen. Fedra fühlt sich in Deutschland und in der Türkei wohl und spricht beide Sprachen.
Wie jedes Jahr fährt sie in den Sommerferien mit ihren Eltern in die Türkei. Nach den Ferien will sich ihr Vater nach einem geeigneten Verlobten für Fedra umsehen.
Fedra ist damit jedoch nicht einverstanden: Sie möchte nicht, dass andere über sie bestimmen. Sie will nach der Schule unbedingt weiterlernen und ihr Leben selbst in die Hand nehmen. Was Fedra denkt und fühlt und welche Erfahrungen sie macht, erzählt sie alles in ihrem Tagebuch.

Tanja (14 Jahre)

Obdachlos

Das Buch handelt von einem Jungen, der obdachlos umherstreunt. Seine Mutter ist spurlos verschwunden und er landet bei den Obdachlosen auf der Straße.
Dort lernt er das harte Leben auf der Straße kennen. Er muss ums tägliche Überleben kämpfen: um etwas zu essen oder einen trockenen Schlafplatz. Schließlich macht er sich auf die Suche nach seiner Mutter. Ob er sie findet, müsst ihr selbst herausfinden.

Griseldis (14 Jahre)

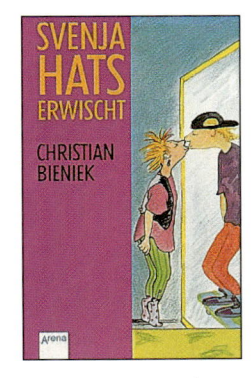

Zum ersten Mal verliebt

In diesem Roman geht es um die erste Liebe der 12-jährigen Svenja. Svenja hat ein großes Problem: sie ist kleinwüchsig. Weil sie mit Abstand die Kleinste in der Klasse ist, wird Svenja von den Jungen ihrer Klasse gehänselt. Svenja findet Jungen blöd. Es gibt nur eines, von dem sie schwärmt: die tollen Schuhe mit den ganz hohen Sohlen. Leider sind diese Schuhe aber ausgesprochen teuer: 119 Euro ...!
Svenja unternimmt alle möglichen Anstrengungen, um das Geld für die Schuhe zusammenzubringen. Sie hilft ihrem Vater, die Diät einzuhalten und unterstützt ihre Mutter dabei, das Rauchen aufzugeben. Schließlich spioniert sie für Mona Daniel nach und versucht, alles über ihn herauszubekommen: wie er mit Nachnamen heißt, wo er wohnt, wie seine Telefonnummer ist und so weiter. Bei ihren Ermittlungen stellt sich Svenja eine unerwartete Frage: Sind doch nicht alle Jungen so blöd, wie sie bisher gedacht hat?

Emanuele

Ein Bär wächst bis zum Dach

1 In der Zeitung stand:

2 **Übermütiger Diebstahl im Tiergarten**
3 Drei Jungen gelang es gestern,
4 den Jungbären Puh zu entführen.
5 Die Zooverwaltung bittet alle Zeugen,
6 ihre Beobachtungen dem nächstgelegenen
7 Polizeirevier zu melden.

8 Die Jungen Klaus, Uli und Manfred hatten den kleinen Bären
9 im Schuppen von Manfreds Eltern versteckt. Der Schuppen
10 stand ganz hinten im Garten. Hier lebten auch Manfreds Kanin-
11 chen und seine Meerschweinchen.
12 Jeden Tag besuchten sie den kleinen Bären und fütterten ihn.
13 Es machte ihnen großen Spaß, mit ihm zu spielen. Der Bär rieb
14 sein dickes Fell am Fass, dass es umfiel. Er kugelte auf dem
15 Rücken. Er tappte rückwärts. Er hatte es gern, wenn ihm die
16 Jungen durch das Fell strichen. Noch nie hatten sie ein so schö-
17 nes Spielzeug! Keiner sollte ihnen das Tier wegnehmen dürfen.
18 Als die Ferien zu Ende gingen, war Puh so groß wie ein Pudel.

Eines Morgens, als Manfred in den Schuppen kam, fand er den Bären, wie er den Draht vom Kaninchenstall riss. Das weiße Kaninchen saß ängstlich in der Ecke, das schwarze war verschwunden. Manfred suchte es überall, da sah er die Blutflecken auf der Erde und am Fell des Bären. Als Klaus und Uli kamen, sagte er: „Er hat das Kaninchen gefressen!" „Das kann nicht sein, es ist bestimmt weggelaufen", meinte Uli. Dann spielten sie wieder mit Puh.

Drei Tage später war auch das weiße Kaninchen weg. Auch die Meerschweinchen waren nicht mehr da. Die Jungen bekamen Angst. „Der wächst bis zum Dach", sagte Klaus. „Darüber hinaus", meinte Manfred. Sie wagten nicht mehr, mit ihm zu spielen.

Zuerst wollten sie alles der Polizei melden, dann hatten sie aber zu viel Angst vor der Strafe. Sie trauten sich auch nicht, ihn heimlich nachts zurückzubringen. So ließen sie am Abend die Tür zum Schuppen offen. Am nächsten Morgen war der Bär fort.

Am gleichen Tag gingen zwei alte Damen im Park spazieren. Wo der Weg durch die Tannen führt, stand ein Bär. Er hob die Tatzen hoch und sperrte das Maul auf.

Die beiden Frauen ließen die Handtaschen und Schirme fallen und liefen laut schreiend den Weg zurück. „Ein Bär! Ein Bär!", schrien sie grell.

Die anderen Spaziergänger wollten es nicht glauben und meinten, es müsse ein Hund gewesen sein. Ein Polizist kam von der Straße herüber. Er sagte: „Es ist schon möglich, dass es ein Bär ist!"

Die Feuerwehr fing das Tier ein und es wurde in den Zoo zurückgebracht.

Viele Besucher kamen, um den eingefangenen Bären zu sehen. Auch die Jungen gingen hin. Sie sahen zu Puh hinab, der die tollsten Späße machte. Aber so sehr sie auch riefen, nicht ein Mal sah er zu ihnen herauf.

nach Hans Bender

Mister Santa

1. Es war wie verhext. Ich konnte einfach keine Arbeit finden.
2. So kam es, dass ich Weihnachtsmann in einem großen Waren-
3. haus wurde.
4. Vor Weihnachten hat jedes Kaufhaus seinen eigenen Weih-
5. nachtsmann; in Amerika heißt er Santa Claus. Zu dem gehen die
6. Kinder und flüstern ihm zu, was sie sich wünschen. Der Kauf-
7. haus-Santa-Claus schreibt ihre Namen und Wünsche auf. Spä-
8. ter holen sich die Mütter die Wunschzettel ab. Und weil das von
9. den Kaufhausleuten so praktisch eingerichtet ist, kaufen sie
10. auch gleich alles an Ort und Stelle.
11. Vor mir standen die Kinder in einer langen
12. Schlange und warteten, bis sie an der
13. Reihe waren.
14. Die Kleinen glaubten, ich sei
15. der echte Weihnachtsmann;
16. die Größeren natürlich
17. nicht.
18. Eines Abends stand Paco da. Ganz ernst blickte er mich an.
19. „Mister Santa", sagte er mit einer rauhen Stimme. „Ich brauche
20. Schlittschuh."
21. „Schlittschuhe?", fragte ich.
22. „Ja, Schlittschuh", wiederholte er. „Größe 6. Direkt am Stiefel
23. festgemacht, verstehst du?" Ich antwortete nicht gleich.
24. Paco senkte den Kopf. „Meine Mutter sagt, sie kann die Schlitt-
25. schuh nicht kaufen. Aber du, Mister Santa ... vielleicht kannst
26. du ..."

27 Auf dem Nachhauseweg kam ich an der Eisbahn unter dem riesigen Weihnachtsbaum vorbei. Dort sah ich Paco wieder.
29 Es war kalt und Paco hatte nur einen dünne Pullover an. Aber er stand unbeweglich und schaute auf die glitzernde Eisfläche.
31 Als er zum zweiten Mal ins Warenhaus kam, fragte ich ihn:
32 „Paco, warum brauchst du eigentlich Schlittschuhe? Es gibt doch viel nützlichere Sachen."
34 Da warf er die Arme in die Luft und sagte: „Mister Santa, Schlittschuhlaufen, das ist ..." Er suchte nach Worten und sagte dann nur „das ist schön."
37 Ich flüsterte Paco zu: „Komm morgen wieder, Paco. Morgen ist Heiliger Abend, da ist alles möglich ... vielleicht sogar ein Wunder."
40 Paco ging ohne ein Wort weg.
41 Am Vormittag des Heiligen Abends – es war mein letzter Tag als Santa Claus – kaufte ich ein Paar Schlittschuhe mit Stiefeln Größe 6. Sie kosteten eine Menge Geld. Fast die Hälfte meines Wochenlohns als Weihnachtsmann.
45 „Total übergeschnappt", dachte ich. „Die Hälfte eines Wochenlohns für einen fremden Jungen.
47 Trotzdem wartete ich ungeduldig auf Paco.
48 Aber Paco kam nicht. Die letzten Kinder waren abgezogen. Das Kaufhaus schloss seine Tore.
50 Ich legte die Santa-Claus-Verkleidung ab und zog meine eigene Jacke über. Dann ging ich hinaus auf den Platz mit dem großen Weihnachtsbaum. In der Hand trug ich die Tüte mit den Schlittschuhen.
54 Von der Eisbahn schallte Musik herüber.
55 Da entdeckte ich Paco. In seinem dünnen Pullover stand er wieder dort und starrte auf die Schlittschuhläufer. Die Fäuste hielt er vor den Mund gepresst.
58 „Guten Abend, Paco", sagte ich.
59 Paco blickte zu mir auf. Er erkannte mich nicht. „Wer sind Sie, Mister?"

123

61 „Ich komme von Santa Claus", sagte ich. „Ich mache manchmal
62 Besorgungen für ihn. Er hat auf dich gewartet. Warum bist du
63 nicht gekommen?"
64 Paco schüttelte den Kopf. „Meine Mutter hat gesagt, es gibt
65 keine Wunder. Für uns nicht."
66 Da reichte ich ihm die Tüte mit den Schlittschuhen. „Von Santa
67 Claus", sagte ich.
68 Mit offenem Mund schaute Paco in die Tüte. Es dauerte lange
69 bis er begriff, dass die Schlittschuhe ihm gehören sollten.
70 Dann rannte er zur Schlittschuhbahn.

78 Nach ein paar vorsichtigen Bögen auf dem Eis drehte er sich
79 noch einmal zu mir um. Er wedelte mit den Armen und schrie:
80 „Ich kann's! Sagen Sie's ihm! Sagen Sie Santa Claus, dass ich's
81 kann! Und – fröhliche Weihnachten, Mister!"
82 „Fröhliche Weihnachten, Paco", rief ich zurück.
83 Ich sah ihn davonkurven. Er tauchte unter in der Menge der
84 anderen Schlittschuhläufer.

nach Tilde Michels

Ein wahrer Sportsmann

126

Textquellenverzeichnis

S. 7 Eugen Roth: Zu fällen einen schönen Baum. Aus: Sämtliche Werke. München: Carl Hanser, 1977; **S. 8** Eine Stadt im Wald. Nach: Joachim Heinrich Campe: Eine wahre Geschichte von einer Stadt und einem Riesen. In: Stefanie Thieme (Hg.): Wie das Kamel seinen Buckel bekam. Vorlesegeschichten von Boccaccio bis Biermann. Berlin: Neues Leben, 1991, S. 48ff; **S. 10** Thomas Weber: Nur eine Ameise. Aus: Magazin: Rätselhafte Tierwelt. Zusammengestellt von Thomas Weber. Frankfurt am Main: Hirschgraben, 1980, S. 5; **S. 11** Klaus Kordon: Biologie. Aus: Überall und neben dir. Hg. v. Hans-Joachim Gelberg. Beltz & Gelberg, 1986; **S. 11** Johann Wolfgang von Goethe: Das Wassertröpflein; **S. 11** Erich Fried: Humorlos. Aus: ders.: Anfechtungen. Berlin: Wagenbach, 1967. **S. 12** Endstation Papageien-Park. Nach: Martin Roos: Endstation Heimweh im Papageien-Pensionat. In: Rheinische Post am Wochenende, 9.11.1996; **S. 13** Petra Bowien; **S. 14** Bau eines Schlittendrachens. Nach: Walter Diem: Flugobjekte zum Selberbauen. Heißluftballons, Helikopter, Wurf- und Katapultflieger, Drachen, Bumerangs, Papierflieger. 4. Aufl. Hugendubel, 1993, S. 36–39; **S. 18** Ulrike Strobel/ Heribert Gathen; **S. 19** Ulrike Strobel/ Heribert Gathen; **S. 20** Ulrike Strobel/ Heribert Gathen; **S. 21** nach: Frischer geht's nicht! In: Brigitte, 1994, H. 26, S. 196 ff.; **S. 22** nach: Frischer geht's nicht! In: Brigitte, 1994, H. 26, S. 196 ff.; **S. 23** Hans Manz: Ein Satz, der sich in den Schwanz beißt. (Originaltitel: Sätze, die sich in den Schwanz beißen.) In: ders.: Worte kann man drehen. Sprachbuch für Kinder. Weinheim, Basel: Beltz & Gelberg, 1974, S. 74–75; **S. 23** Hans Manz: Lies vorwärts oder rückwärts und beginn, wo du willst! Aus: Hans-Joachim Gelberg (Hg.): Überall und neben dir. Gedichte für Kinder. Beltz & Gelberg, 1986, S. 131; **S. 24** Hans Manz: Achterbahnträume. Aus: Hans-Joachim Gelberg (Hg.): Überall und neben dir. Gedichte für Kinder. Beltz & Gelberg, 1986, S. 103; **S. 24** Thomas Weber: Welches Tier versteckt sich hier?, ursprünglich unter dem Titel: Tiere, buchstäblich Tiere. In: Magazin: Rätselhafte Tierwelt. Zusammengestellt von Thomas Weber. Frankfurt am Main: Hirschgraben, 1980, S. 19.; **S. 25** Frantz Wittkamp: Du bist da, und ich bin hier. Aus: Die Erde ist mein Haus. Hg. v. Hans-Joachim Gelberg. Weinheim, Basel: Beltz & Gelberg, 1988, S. 149; **S. 25** Hans Manz: Kommen und gehen. Aus: ders.: Worte kann man drehen. Sprachbuch für Kinder. Beltz & Gelberg, 1974, S. 16; **S. 26** Fred Endrikat: Die Wühlmaus. Aus: Sündenfallobst. Berlin: Blanvalet, 1953; **S. 26** Josef Guggenmos: TROPS NIE TSI NETARLESTÄRS. Aus: Augenaufmachen. Weinheim, Basel: Beltz & Gelberg, 1984, S. 49; **S. 27** Volker Erhardt: tu was (S. 38); Volker Erhardt: andenken (S. 38); Liselotte Raumer: Freundschaft (S. 41); Josef Büscher: Wer immer nur (S. 56). Alle aus: Joachim Fuhrmann (Hg.): Poesiekiste. Sprüche fürs Poesiealbum. Reinbek: Rowohlt, 1981; **S. 27** Wilhelm Busch: Fink und Frosch; ders.: Wettergeschichte. In: Sämtliche Werke. Hg. von Otto Nöldeke, Bd. 7. München: Braun & Schneider, 1943; **S. 28** Curt Seibert: Angewandte Mathematik; **S. 30** Max Kruse: Reklame. Aus: Die Stadt der Kinder. Hg. v. Hans-Joachim Gelberg. Recklinghausen: Georg Bitter, 1969; **S. 31** Gudrun Pausewang: Werbung. Aus: Die Erde ist mein Haus. Hg. v. Hans-Joachim Gelberg. Weinheim, Basel: Beltz & Gelberg, 1988, 295; **S. 33** Gerald Jatzek: Die Kinder mit dem Plus - Effekt. Aus: Die Erde ist mein Haus. Hg. Hans-Joachim Gelberg. Weinheim, Basel: Beltz & Gelberg, 1988, S. 61; **S. 34** Frank S. Sklenitzka: Er sieht toll aus. Aus: Total im Bild; **S. 36** Ernst A. Ekker: Das Fernsehmärchen (gekürzt). Aus: Geh und spiel mit dem Riesen. Hg. v. Hans-Joachim Gelberg.Weinheim, Basel: Beltz & Gelberg, 1979; **S. 37** Hans Manz: Fernsehabend. Aus: ders.: Die Welt der Kinder. Sprachbuch für Kinder und Neugierige. Weinheim, Basel: Beltz & Gelberg, 1991, S. 303; **S. 38** Manfred Mai: Wenn wir einmal groß sind (gekürzt). In: Was ist bloß mit Jakob los? Freiburg: Herder, 1993; **S. 40** nach: Es trügt der Schein, wenn der Computer sich ein Bild macht. Aus: Rheinische Post, 4.5.1996; **S. 42** Christoph Reiners; **S. 43** Christoph Reiners; **S. 44** Gina Ruck-Pauquet: Mutter sagt immer nein (gekürzt). Aus: Das große Buch. Ravensburg: Otto Meyer 1978; erneut in: Jutta Modler (Hg.): Mit 13 ist alles ganz anders. Herder 1990; **S. 46** Bertolt Brecht: Was ein Kind gesagt bekommt. Aus: Gesammelte Werke, Bd. 9, Frankfurt am Main: Suhrkamp, 1967, S. 585; **S. 47** Günther Weber: Ich denke nach; **S. 48** Leoni Kerler, Stuttgart; **S. 49** Was ist Epilepsie? Nach: Willy E. J. Schneidrzik: Beim Epileptiker toben Gewitter im Gehirn. In: Prisma. Magazin der Rheinischen Post, 1996, H. 43, S. 52; **S. 50/1** Simone Kosog: Görkem will so sein wie andere Kinder (gekürzt). Aus: Westdeutsche Allgemeine Zeitung, 21.9.1996, Wochenendbeilage; **S. 52** Hubert Wolf: Frank findet es im Heim in Ordnung (gekürzt). Aus: Westdeutsche Allgemeine Zeitung, 21.9.1996, Wochenendbeilage; **S. 54** Verkaufen als Beruf. Nach: Fleischerei Meuter hat Erfolg. In: Arbeitslehre Wirtschaft, Bd. 7/8. Hg. v. Dietmar Krafft, Renate Harter-Meyer, Heinrich Meyer. Berlin: Cornelsen, 1996, S. 76; **S. 55** Renate Harter-Meyer u. Heinrich Meyer: Aus einem Verkaufsgespräch. Aus: Arbeitslehre Wirtschaft, Bd. 7/8. Hg. v. Dietmar Krafft, Renate Harter-Meyer, Heinrich Meyer. Berlin: Cornelsen, 1996, S. 77; **S. 56** Heribert Gathen: Am frühen Morgen in einer Stadt. Nach einer Idee von Natascha Plankermann. In: Rheinische Post, 26.10.1996, Düsseldorfer Stadtpost; **S. 59** Manfred Mai: Leicht und schwer. In: Tausend Wünsche – Gedichte für kleine und große Kinder. Ravensburg, 1986; **S. 60** Irmela Brender: Streiten muß sein. In: Geschichten aus dem Alltag gekratzt. Ein Lesebuch für Erwachsene. Hg. v. Christel Adamczak u. Monika Pfirrmann. Stuttgart: Klett, 1990; **S. 62** Immer als Letzte gewählt. Gekürzte und überarbeitete Fassung von: Frieder Stöckle: Zu wenig Vorlagen. In: Max Bollinger (Hg.): Verlierergeschichten. Ravensburg: Schüler Express Taschenbücher in Zusammenarbeit mit dem ZDF, 1983, S. 81; **S. 64** Tilde Michels: Das Großmaul (gekürzt und überarbeitet). Aus: Luftschlösser. Geschichten zum Wundern – zum Lachen – zum Nachdenken – zum Wachrütteln – zum Träumen. Hg. v. H. Gärtner/ J. Weixelbaumer. Wien: St. Gabriel Nödling, 1993, S. 133–134; **S. 66** Manchmal bin ich traurig. Aus: Marieluise Bernhard von Luttitz: Die Kinderregierung und andere Geschichten aus einer besseren Welt. Würzburg: Echter, 1992, S. 30; **S. 68** Marianne Kreft: Sabine. Aus: Hans-Joachim Gelberg: Überall und neben dir. Gedichte für Kinder. Beltz & Gelberg, 1986, S. 17; **S. 69** Selbsthilfe. Aus: Christine Nöstlinger/ Jutta Bauer: Ein und Alles. Ein Jahresbuch. Weinheim, Basel: Beltz & Gelberg, 1992, S. 29; **S. 70** Edith Schreiber-Wicke: Geburtstagsabend (gekürzt und überarbeitet). Aus: Mit 13 ist alles ganz anders. Hg. v. Jutta

Molder. Wien: Herder 1990, S. 123–126; **S. 72** Franz S. Sklenitzka: Briefwechsel. Aus: Wer ist da an der Tür?; **S. 73** Antonia, 12. Aus: Manuela von Perfall: Die Sache mit der Liebe. Infos, Tips & Tests. München: F. Schneider, 1995; **S. 74** Typisch Mädchen? Aus: Manuela von Perfall: Die Sache mit der Liebe; a.a.O., S. 42–51; **S. 75** Typisch Junge? Aus: Manuela von Perfall: Die Sache mit der Liebe. a.a.O., S. 46; **S. 76** Noch nie verliebt? (gekürzt und überarbeitet). Aus: Manuela v. Perfall: Die Sache mit der Liebe, a.a.O.; **S. 77** Nasrin Siege: Das Bauchweh. Aus: Die Erde ist mein Haus. Hg. v. Hans-Joachim Gelberg. Weinheim, Basel: Beltz & Gelberg, 1988, S. 215; **S. 78** Elke Müller: Bericht über meine Therapie auf der Station H. Aus: Tränen im Regenbogen. Phantastisches und Wirkliches – aufgeschrieben von Mädchen und Jungen der Kinderklinik Tübingen. Hg. v. Michael Klemm, Gerlinde Hebeler und Werner Häcker. Tübingen: Attempto, 1989; **S. 80** Felix Dengg: Was ich von dem allen hier halt. Aus: Tränen im Regenbogen, a.a.O.; **S. 81** Gerd Huß: Mein Geburtstag auf Station F; Aus: Tränen im Regenbogen, a.a.O.; **S. 83** Konrad Redemacher: Der Neuanfang von 1946 – aus großer Not. Aus: Immer am Ball. MG-Seniorenzeitschrift, 26. Jg., 1996, H. 146, S. 10; **S. 84** Falsche Leberwurst. Aus: Brigitte, 1993, H. 6, S. 278; **S. 86** Falscher Kochkäse. Aus: Brigitte, 1993, H. 6, S. 278; **S. 88** Alt werden. Gekürzt und überarbeitet nach: Antoinette Becker: Ich will etwas vom Tod wissen: Geschichten vom Tod und vom Leben. Ravensburg: Maier, 1979, S. 18–20; **S. 90/1** Roswitha Fröhlich: Als Großvater starb (gekürzt). Aus: Menschengeschichten. Hg. v. Hans-Joachim Gelberg. Weinheim, Basel: Beltz & Gelberg, 1975, S. 75–76; **S. 92** Sie haben mir nichts gesagt. Gekürzt und überarbeitet nach: Antoinette Becker: Ich will etwas vom Tod wissen: Geschichten vom Tod und vom Leben. Ravensburg: Maier, 1979 (Reihe: Ich und die Welt), S. 36–38; **S. 94** Gerald Jatzek: Der Opa ist tot. Aus: Was für ein Glück. Hg. v. Hans-Joachim Gelberg. Weinheim, Basel: Beltz & Gelberg, 1993, S. 279; **S. 95** Heinrich Heine: Ich weiß nicht, was soll es bedeuten. Aus: Sämtliche Schriften. Hg. v. Klaus Briegleb. München: Hanser, 1968, Bd. I; **S. 96** Otto Ernst: Nis Randers (gekürzt). Aus: Gesammelte Werke. Leipzig: L. Staackmann Verlag, o. J.; **S. 98** August Kopisch: Die Heinzelmännchen (gekürzt). Aus: Der deutsche Balladenschatz. München: Heyne, 1975; **S. 100** Theodor Fontane: Herr von Ribbeck auf Ribbeck im Havelland. Aus: Sämtliche Werke, Bd. VI. Hg. v. Walter Keitel. München: Carl Hanser, 1964; **S. 102** Erich Kästner: Verzweiflung Nr. 1. Gesammelte Werke, Bd. 1, Zürich: Atrium; **S. 104** Der Fuchs und der Storch. Nach Aesop; **S. 105** Der Fuchs und der Rabe. Nach Aesop; **S. 106** Die beiden Ziegen. Nach Aesop; **S. 107** Johann Peter Hebel: Seltsamer Spazierritt. Aus: Werke. Hg. v. W. Altwegg, Bd. 2. Zürich, Berlin: Atlantis, 1943; **S. 108** Christiane Bonk: Wie Till Eulenspiegel einem Esel das Lesen beibrachte; **S. 110** Der Rattenfänger von Hameln. Nach: Gebrüder Grimm: Deutsche Sagen; **S. 112** Christel Rittmeyer: Einleitungstext und Montage von Passagen aus: Gary Paulsen: Allein in der Wildnis. Deutsch von Thomas Lindquist. Hamburg: Carlsen, 1995; **S. 114** Christel Rittmeyer: Einleitungstext und Montage von Passagen aus: Eve Bunting: Sommersprung. Übersetzt von Ursula Schmidt Steinbach. Frankfurt am Main: Aare, 1993; **S. 116** Christel Rittmeyer: Einleitungstext und Montage von Passagen aus: Andreas Schlüter: Level 4 – Die Stadt der Kinder. München: Altberliner Verlag, 1994; **S. 118** Swen Weiskircher, Christian Kaiser: Kinder kämpfen für die Umwelt. Hamburg. Aus: Bulletin Jugend + Literatur, 1994, H. 7 (Kritik zu: Kirsten Boie: Jeder Tag ein Happening. Oetinger, 1993); **S. 118** Emanuele Schembri: Zum ersten Mal verliebt. Aus: Bulletin Jugend + Literatur, 1995, H. 7 (Kritik zu: Christian Bieniek: Svenja hat's erwischt. Würzburg: Arena, 1994); **S. 119** Griseldis Rost: Obdachlos. Aus: Bulletin Jugend + Literatur, 1995, H. 9 (Kritik zu: Paula Fox: Wie eine Insel im Fluß. Aus dem Amerikanischen von Anne Brauner. Weinheim: Anrich, 1995); **S. 119** Tanja Scher: Selbstbestimmt. Aus: Bulletin Jugend + Literatur, 1995, H. 9 (Kritik zu: Ranka Keser: Ich bin eine deutsche Türkin. Weinheim: Beltz & Gelberg, 1995); **S. 120** Hans Bender: Ein Bär wächst bis zum Dach (überarbeitet und gekürzt). Aus: ders.: Die halbe Sonne. Baden-Baden, o. J.; **S. 122** Tilde Michels: Mister Santa (überarbeitet und gekürzt). Aus: diess. Das alles ist Weihnachten. München: dtv, 1979, S. 22–28

Bildquellenverzeichnis

S. 7 Bavaria Bildagentur, Düsseldorf, München; **S. 10** Okapia Bildarchiv, Frankfurt am Main; **S. 12** Okapia Bildarchiv, Frankfurt am Main; **S. 13** Horst Haitzinger/ WWF ; **S. 19** Arbeitsgemeinschaft Deutscher Handelsmühlen e.V., Bonn; **S. 20** Enercon GmbH, Aurich: getriebelose Windenergieanlage E-40; **S. 35** Frank S. Sklenitzka, Wien; **S. 40–41** Werner Gabriel, Düsseldorf/ Rheinische Post; **S. 42** Deutsche Messe AG, Hannover; **S. 46** Archiv für Kunst und Geschichte, Berlin; **S. 48** Leoni Kerler, Stuttgart; **S. 50** Heinz Jürgen Kartenberg, Gladbeck/ Westdeutsche Allgemeine Zeitung, Essen; **S. 53** Heinz Jürgen Kartenberg, Gladbeck/ Westdeutsche Allgemeine Zeitung, Essen; **S. 54–55** Förderungsgemeinschaft des deutschen Fleischer-Verbandes e.V; **S. 56** Berliner Verkehrsbetriebe (BVG); **S. 57**; Großmarkt Berlin; **S. 57–58** Rheinische Post, Archiv, Düsseldorf; **S. 61** Hans Jürgen Press, Hamburg; **S. 75** Zentrale Farbbildagentur, Hamburg; **S. 78–80** Renate Zeun, Berlin; **S. 82** Archiv für Kunst und Geschichte, Berlin; **S. 83** Archiv für Kunst und Geschichte, Berlin ; **S. 88–89** M. Eram, Deutsches Rotes Kreuz, Archiv, Bonn; **S. 96** Johann Carl Wilhelm Aarland: Rettung Schiffbrüchiger, Zeitungsillustration; Deutsches Schiffahrtsmuseum, Bremerhaven; **S. 100–101** Petra Bowien; **S. 110** Touristeninformation der Stadt Hameln; **S. 114** Cover zu Eva Bunting: Sommersprung. Frankfurt am Main: Aare, 1993; **S. 116** Cover: Andreas Schlüter: Level 4 - Die Stadt der Kinder. München: Altberliner Verlag, 4. Aufl., 1996; **S. 118** Cover zu Kirsten Boie: Jeder Tag ein Happening. Oetinger, 1993; **S. 118** Cover zu Ranka Keser: Ich bin eine deutsche Türkin. Weinheim: Beltz & Gelberg, 1995; **S. 119** Titelillustration von Karin Lechler zu Paula Fox: Wie eine Insel im Fluß. Aus dem Amerikanischen von Anne Brauner. Weinheim: Anrich, 1993; **S. 119** Silke Brix-Henker, Cover zu: Christian Bieniek: Svenja hat's erwischt. Würzburg: Arena, 1994; **S. 125** Hans Jürgen Press; **S. 126** Waldemar Mandzel, Cartoon-Caricature-Contor, München.